清华大学法学教材大系

法学绪论

INTRODUCTION TO LEGAL THEORY

屠凯 著

法律出版社
LAW PRESS·CHINA
北京

图书在版编目(CIP)数据

法学绪论 / 屠凯著. -- 北京 : 法律出版社, 2022
ISBN 978-7-5197-7042-6

Ⅰ. ①法… Ⅱ. ①屠… Ⅲ. ①法学－高等学校－教材
Ⅳ. ①D90

中国版本图书馆 CIP 数据核字(2022)第 158657 号

法学绪论
FAXUE XULUN

屠 凯 著

责任编辑 陈 慧
装帧设计 鲍龙卉

出版发行 法律出版社
编辑统筹 法律教育出版分社
责任校对 晁明慧
责任印制 刘晓伟
经　　销 新华书店

开本 710 毫米×1000 毫米 1/16
印张 12.25　**字数** 178 千
版本 2022 年 9 月第 1 版
印次 2022 年 9 月第 1 次印刷
印刷 天津嘉恒印务有限公司

地址:北京市丰台区莲花池西里 7 号(100073)
网址:www.lawpress.com.cn
投稿邮箱:info@lawpress.com.cn
举报盗版邮箱:jbwq@lawpress.com.cn
销售电话:010-83938349
客服电话:010-83938350
咨询电话:010-63939796

书号:ISBN 978-7-5197-7042-6　**定价**:38.00 元

凡购买本社图书,如有印装错误,我社负责退换。电话:010-83938349

兼容古今、面向未来的清华法学教育

站在 21 世纪第二个 10 年的新起点，身居“年轻而古老”的清华大学法学院之中，我们深深地感受到机遇与挑战并存，一直在思考如何谱写清华法律人的新篇章，延续清华人的光荣与梦想。

历史，对于大到整个国家、小到一个学院，都是至关重要的。清华大学成立于 1911 年，在 1952 年院系调整之前，成立于 1929 年的法学院是清华大学四大学院之一。在近百年发展历程中，清华大学为国家培养了砥柱中流的法律大家。举其要者，如梅汝璈、向哲濬、钱端升、陈体强、王铁崖、端木正等。从 1952 年至 1995 年，尽管清华法学院的建制不在，清华大学其他院系的毕业生依然延续着清华法律事业的“香火”。清华法律教育，可谓弦歌不辍。为适应社会主义法治建设的需要，配合清华大学建设世界一流综合大学的战略布局，1995 年 9 月，清华大学正式恢复建立法律学系，并于 1999 年 4 月复建法学院。得益于清华稳定的名师队伍、充满活力的教授团队、优质的精英教育和宽松的文化氛围，我们强调“知识传授、能力培养、价值塑造”的“三位一体”培养模式，形成了独特的“清华学派”，一代代清华法律人活跃在国家法治建设的最前列。

为了致敬清华法学院的历史，经全院老师集体讨论，一致同意编写和出版一套代表清华大学水平和特色的法学系列教材，向经典致敬，向“年轻而古老”的清华法学院致敬。

除了面向历史，这套教材也注重当下，致敬新时代，因为当下的一切都会是未来的历史。站在新时代，我们希望通过这套教材体现清华大学法学院对当前法学教育面临挑战的应对和对未来法学教育的探索，引领新时代德法兼修法治人才培养。

全面依法治国是一项长期而艰巨的历史任务，法治人才在法治建设中承担着重大使命，发挥着重要作用。我们的法学教育必须立意高远，不仅仅教会学生运用法律技术，更要站在全面推进依法治国的高度培养人才，让法治领域人才辈出，为法治中国建设贡献力量。希冀于多年后当我们回顾21世纪第二个10年的时候，这套教材和它所代表的清华法律人的智慧和精神也能经历时间的考验，成为大家传颂的“经典”。因为这套教材不仅体现了清华法律人的知识水平，更体现了我们对法学教育的思考，对法治人才培养的创新，对新时代社会问题的回应。

当前法律教育面临着研究问题和研究方法革新的双重挑战。智能手机、大数据、云计算、物联网、人工智能等，层出不穷的技术进步给我们带来了一个千年未有的大变局。我们的生活、生产模式，更重要的是我们的思维方式，都面临着重新调整。以人工智能为代表的新兴技术对法学人才培养提出了更高的要求，社会对法学人才培养有了更多期待；法学研究的重点也向新兴领域延伸，包括生命科技、信息科技在内的新技术应用不仅预示着法学研究重点的变更，也推动着法学人才培养思维模式的转变。这既对法学深度参与创新驱动发展战略的实施、推进原始创新和协同创新、加快成果转化提出了新任务、新要求，又为法学学科转变发展模式、在若干重要研究领域实现突破提供了可能性。

法学作为一门社会科学，研究内容上，要不断回应社会需求，增强法学回应社会问题的能力；研究方法上，要处理好法学教育中理论与实践、传统与新兴、本土与世界的关系，推动法学教育迈上新高峰。习近平总书记曾提出，法学学科是实践性很强的学科，法学教育要处理好知识教学和实践教学的关系。要打破高校和社会之间的体制壁垒，将实际工作部门的优质实践教学资源引进高校，加强法学教育、法学研究工作者和法治实际工作者之间的交流。这对中国法学教育的改革发展提出了殷切期望，提供了基本宗旨。我们要积极推进法学教育改革创新，就法治人才培养而言，要善于利用各种新兴技术和手段，提升理论的水平和层次，增强学生回应和解决实践问题的能力培养。新时代法学人才培养的总体目标，是通过培养既精通法律规则又兼具家国情怀与人文精神，同时熟悉信息技术的高端复合型人才，为社会发展与科技创新的法治化提供智力保障。

这套清华大学法学教材，力求让最新的法学思想通过更有力的载体得到最广泛的传播，将实现从“以教师为中心”到“以学生为中心”的转变，实现从“教”到“学”的转变；编写风格上，将改变过去以平铺直叙为主的教材写法，注重综合应用图表、二维码等丰富多彩的形式，把新鲜的司法经验和生动的案例实践带进书本，突出社会调查、大数据分析等利用人工智能等技术的实证研究方法，增强阅读体验感；教材内容将注重历史积淀与新时代发展紧密结合，回应时代的挑战和法学教育的转变。当然，每位学者都有自己的特色，一如清华法学院的优良传统，这套系列教材也呈现百花齐放、和而不同的特点，让读者领略清华法学院每位学者的生动个性，带来难忘而特殊的阅读体验。

最后，希望清华法学教育借此系列教材，走出明理楼，贡献于中国未来的法学教育和法治建设！祝各位读者阅读愉快！

申卫星

2020 年 6 月 10 日

序
法学绪论课的性质

这本书是想给初入中国法学院的本科新生提供一个入门的小册子。

《清华法学》近期有文章讨论了，所谓“法理学”课程其实应该区别针对大学一年级的“法学通论”和高年级的“真·法理学”，后者是带有法哲学性质的思辨课程。从知识体系建构的角度，我也认同这一判断。但这里我想讨论的主要是教学体系和教学规律的问题。

我在清华大学开设主要针对大学一年级的“法学绪论”课已有八九年时间。最近几年教学评估成绩连续居全校前5%，自觉对本课程的教学规律有所掌握。

长期以来，我注意到选课同学和选课需求中一直存在一个结构性的矛盾。

在我国高考体制下，能够进入清华大学的同学中很大一部分极为适应高中一种教育模式，即听讲、记忆、复刻。加之大学一年级同学本身社会生活经验比较少，对他们，教学选材要高度贴近校园生活，教学内容也要尽可能条理化。当然，贴近校园生活的案例也确有很好的效果，通过讲一些故事和“规矩”，同学们学到法学知识，也同时获得一些在校园里的“人生经验”。

近年来，越来越多视野更开阔、思维更活跃的同学进入清华大学。他们在高中就已经培养出相当高的“科学思维”（critical thinking）水平，社会生活经验也丰富些。对这部分同学，校园生活的案例可能有点“小儿科”，他们对发达工业国的新鲜事更有兴趣。这当然反映出我们的校园、我们的民族的面貌正在发生可喜的变化。

但是，后一部分同学中又有一种“看似学习而其实未学”的倾向。极端情况下，他们几乎放弃了对专业基础知识的熟习记忆，到推研时，用来回答老师的巧言妙语和大一时候也没有太大区别。其实，我并不反对学“无用之用”的通识，作为同时讲授法哲学的教师，内心甚至是十分支持的。但法律作为“专业”，注定和所谓“通识”有极大的差别。很多杰出的法律人都曾谈到，进入法学院是要学习“另一种语言”。没有十分的苦工，也是不行的。

我过去的做法，是尽可能把教学内容拆分为两个相互独立的部分，上半学期照顾前一种同学的特点，待他们经过半个学期的适应之后，迅速提高了思维水平，再用下半学期兼顾这两种同学。事实证明，这种做法也算成功。而成功也得益于，清华大学的同学即便是所谓前一种，也的确十分优秀，进入大学转换学习模式通常是很快的。与此同时，上半学期的内容对后一种同学来说也有点欲扬先抑的意思，希望他们养成清华大学严谨勤奋的学习态度，不能凡事只凭聪明。

这本书就脱胎于我的课程讲义，也可以划分为两个部分。前六课用来介绍法学基本概念，后四课引导同学们讨论一些法哲学领域的话题。

我希望这本书占据一个独特的生态位。首先，它不是传统的“法理学”教材。在涉及法学基本概念的部分，我希望它能够区别于通用教材的表述方式，便于同学们结合生活事例更好地理解。其次，它也不是西方的“法哲学”书。因为有前一部分的存在，它应该能够发挥引导法学专业本科新生入门的作用。而即便是后一部分，也尽可能地使用中国的实例，从中国的角度来谈论。最后，它不是“普法”读物。它的读者是法学院学生，或者至少是大学里对法律和法学专业感兴趣的本科生，对于社会大众来说，它还是有点“专业”了。现在，我们有很好的法理学教材、法哲学著作、普法读物，但好像一直缺少这样一本入门用的“口袋书”。它要是能弥补这个不足，就好了。

屠　凯

2022 年 8 月 8 日

目　录

第一课　法的概念

第二课　实定法和法治

第三课 中国法律体系

第四课 法律推理和法律解释

第五课　法律效力和法律实施

第六课　权利、义务、责任

第七课　新分析法学

第八课 自然法

第九课 法律与文化

第十课 法律与性别

第一课　法的概念

本课的重点是介绍“法”的概念。需要掌握概念的概念、概念的内涵和外延、规范的概念、规则的概念等。法的概念不同于法的语义，而规则亦不同于条文。

具体而言，在操作的层面上可以说，概念是表述了一个事物区别于另一个事物的那些不可或缺的特征的一束信息。概念是一束信息，这些信息凸显着一个事物区别于另一个事物的那些不可或缺的特征。这些区别于其他事物的不可或缺的特征，可以称为概念的内涵。而这个概念所指涉的那些现实存在的事物，则是概念的外延。概念的外延是概念指涉的具体的事物的集合。

人们对于是非对错的认识，可以被称为“规范”。规范一般可以表述为以“应当”引导的语句。规范可以指引人们对简单行为作出判断，却不能解决复杂的问题。在现实生活中，人们对于是非对错的认识经常不同，甚至根本对立。将规范形式化后，可以得到成文、正式、清晰、确定的规则。规则的结构应当至少包括行为模式和法律后果。需要注意的是，规则和条文不是一回事。规则和条文不存在一一对应的关系。有时一个规则需要几个条文来表述。有时一个条文包括了几个规则。广义的法，是规则的集合。

概念是法律思维的基石

清华大学老校歌有词曰：“立德立言，无问西东。”

在电影《无问西东》里，曾有一个场景是，马约翰教授对着正在进行体育锻炼的清华大学同学说：“不要人家一推你就倒，人家一发狠你就怕。”他当然是在告诉我们，强健的体魄是意志和力量的源泉。可如果换个角度来看，人家推你、吓唬你，不倒、不怕固然理所应当，要不要反击，如何反击，就不是牛顿第三定律可以解决的了。

我们来看一个案例。

案例

山东省聊城市人民检察院指控：2016年4月14日16时许，赵荣荣纠集郭彦刚、程学贺、严建军等多人到冠县工业园区源大工贸有限公司催要欠款。同日20时左右，杜志浩驾车来到该公司一同催要欠款，在此过程中，杜志浩等人限制该公司老板苏某某及其子于欢的人身自由，并辱骂二人。22时许，杜志浩、郭彦刚、程学贺、严建军等人与被告人于欢在公司办公楼一楼接待室内发生冲突，被告人于欢持尖刀将杜志浩、程学贺、严建军、郭彦刚捅伤，致杜志浩失血性休克死亡，严建军、郭彦刚重伤二级，程学贺轻伤二级。公诉机关认为：被告人于欢的行为触犯了《刑法》第二百三十四条之规定，犯罪事实清楚，证据确实、充分，应当以故意伤害罪追究其刑事责任，因被害人一方对本案的发生具有过错，可以酌情对被告人于欢从轻处罚，建议对其判处无期徒刑以上刑罚。

被告人于欢供认在源大工贸有限公司办公楼一楼接待室内持尖刀捅刺杜志浩、严建军、郭彦刚、程学贺的事实，辩解系被控制在接待室遭到对方殴打后所为，且对方有侮辱言行；其辩护人杨少彬对公诉机关起诉的罪名没有异议，提出被告人于欢有正当防卫情节、被害人对本案的发生具有严重过错、被告人于欢系坦白的意见；辩护人田明提出被告人于欢系防卫过当、认罪态度较好、如实坦白犯罪事实、应当依法减轻处罚判处有期徒刑的意见。

法院经审理查明：2014年7月，山东源大工贸有限公司（位于冠县工业园区）负责人苏某某向赵荣荣借款100万元，双方口头约定月息10%。2016年4月14日16时许，赵荣荣以欠款未还清为由纠集郭彦刚、程学贺、严建军等十余人先后到山东源大工贸有限公司催要欠款。同日20时左右，杜志浩驾车来到该公司，并在该公司办公楼大门外抱厦台上与其他人一起烧烤饮酒。约21时50分，杜志浩等多人来到苏某某和苏某某之子于欢所在的办公楼一楼接待室内催要欠款，并对二人有侮辱言行。22时10分许，冠县公安局经济开发区派出所民警接警后到达接待室，询问情况后到院内进一步了解情况，被告人于欢欲离开接待室被阻止，与杜志浩、郭彦刚、程学贺、严建军等人发生冲突，被告人于欢持尖刀将杜志浩、程学贺、严建军、郭彦刚捅伤，出警民警闻讯后返回接待室，令于欢交出尖刀，将其控制。杜志浩、严建军、郭彦刚、程学贺被送往医院抢救。杜志浩因失血性休克于次日2时许死亡，严建军、郭彦刚伤情构成重伤二级，程学贺伤情构成轻伤二级。

刚刚，面对别人推你、吓唬你的时候，你有一个选择：反击/不反击。现在假设你是于欢，遭遇人格侮辱的不是你本人而是你的亲人，你的选择又会不会变化呢？刚刚的选择也许只是一个智慧的问题，现在攸关的则是勇气和道义了。而且，在于欢案中，一审法院和二审法院的判决结果并不相同。那么，究竟是谁对谁错呢？他们之中，有对有错吗？也许你支持一审法院，也许你支持二审法院。但对于量刑，又该如何看待呢？还能再做选择题吗？恐怕是很难的。

经过在大学的学习，特别是接受法学院教育后，我们的思维方式将会与一般人有些不同。这个不同之处就在于，我们将围绕法律概念进行思考。我们会牢记马约翰教授的嘱托，在时时刻刻每个情景中，努力做到兼具智慧和勇气，甚至还能永远心存仁爱和善意。但要解决于欢案的问题，特别是如果要担任一审或者二审法院的法官，我们需要学习和使用的将是“故意伤害”“正当防卫”“防卫过当”等法律概念。

概念，是规范世界的基石，也是认识现象的工具。不使用概念，像一般人那样处理问题，可不可以？在日常生活中也可以。你仍然可以根据直觉判断，根据欲望活动。但这样做，于己是未经反思的，于人是无法推广的。在大学以及大学毕业之后，我们需要学会借助概念进行思维活动。这个认识本身至关重要。

什么是概念

那什么是概念呢？我们来做个练习。

如果“清华大学法学院”是一个概念的话，请问它是什么意思呢？

有的同学可能会说，“清华大学法学院”是一群具有法律知识和法律技能的师生。姑且不论清华大学法学院的师生是否都具备法律知识和法律技能，只说“师生群体”，能令人立刻想到“清华大学法学院”吗？毕竟，具有法律知识和法律技能的师生群体有无数个。有的是自发组成、时常聚散的，比如，在大学里有的老师在“开放交流时间”（open office hours）召集学生举办“读书会”；有的则是持续存在的组织，其实，现代大学就起源于相对固定的师生群体——在庆祝清华大学法学院复建20周年的时候，时任校长邱勇就谈到“法学是一门古老而年轻的学科，现代大学之母——诞生于11世纪的意大利博洛尼亚大学最早成立的时候只有一个学院，那就是法学院”。

还有同学会说，“清华大学法学院”是清华大学的法学教育研究机构。这样讲，当然要比“师生群体”精确多了。但是，仍然不够。位于中国台湾地区的新竹清华大学也有自己的法学教育研究机构，它称为“科技法律研究所”。而且，新竹清华大学的科技法律研究所设置在科技管理学院下。即便是北京的清华大学，除了法学院之外，也设有其他的法学教育机构。授予“法学”学位的院系还不少，公共管理学院、社会科学学院的很多学生都会被授予“法学”学位。

如果要进一步限缩，可以将“清华大学法学院”定义为“北京清华大学下设的一个专门从事法学教育和研究的学院”。这个定义的好处是，能够将“清华大学法学院”和相邻相似的其他机构区别开。但缺点也是明显的，它没有对法学院师生的法律知识和法律技能水平作出评价。用来招生的话，指引功能不那么强。（如果有机会说明，进入21世纪10年代以来，清华大学法学院连续获评QS全球法学院50强，效果应该会格外不同？）

无论如何，经过这样一番工作，我们总算得到了一个“比较精确”的概念。回顾一下，当我们在寻找比较精确的概念时，究竟在做一番什么样的工作呢？说到底，我们在努力寻找一个事物区别于另一个事物的那些不可或缺的特征。我们想方设法地找到一系列特征，以把清华大学法学院同一般的法律人群体，以及北京清华大学下设从事法学教育和研究的各种其他机构区别开。

所以，什么是概念呢？仅在操作的层面，至少可以说，概念就是表述了一个事物区别于另一个事物的那些不可或缺的特征的一束信息。概念是一束信息，这些信息凸显着一个事物区别于另一个事物的那些不可或缺的特征。我们把这些区别于其他事物的不可或缺的特征，称为概念的内涵。“清华大学法学院”这个概念内涵包括哪些呢？至少要包括：（1）隶属于北京清华大学；（2）专门从事法学教育和研究；（3）大学的一个学院。这三个特征，也就是“清华大学法学院”概念的内涵。而这个概念所指涉的那些现实存在的事物，则是概念的外延。概念的外延是概念指涉的具体的事物的集合。当然，“清华大学法学院”这个概念在此时此刻的地球上，外延是唯一的。

法的语义

现在，我们可以试着来讨论一下“法”的概念了。

首先，我们来看一下《说文解字》。这部书是东汉时期的学者许慎所编著的，是中国最早的辞书。现代中国人能够很容易地识读古老的汉字，包括金文、甲骨文，多亏了有这部字典。对于“法”这个字，《说文解字》是这样说的：“法，刑也。平之如水，从水。廌，所以触不直者，去之，从去。”廌，是一种传说中才有的动物。它头上长着角，看到不公平的现象或者人物，就会拿角去顶。很多大学的法学院会用“廌”做自己的吉祥物。认识“廌”这个字，可能是区别法学院同学与非法学院同学的一个通关密码。

《康熙字典》离我们所生活的年代则要近得多，也是中国第一部以字典命名的汉字辞书。对于“法”这个字，《康熙字典》解释说，“制度也、刑法也、效法也”。那么，《康熙字典》揭示了法的内涵或者外延吗？当然，制度、刑法可能是“法”的外延。古人说“法”，的确主要指刑律而言。西方人在近代刚刚接触到中国的法律制度时，也曾经以为《大清律例》就是中国法的全部，并认定《大清律例》就是一部刑法典或者刑事法律的汇编。

至于效法，那只是说，“法”这个字可以作动词，当模仿讲。这就无关“法”的内涵或者外延了，而是在谈“法”的语义。《新华字典》中的“法”字，仍然保留了“仿效”这个语义。但“法”字又有了别的意思。所谓“处理事务的手段；佛家的道理；捉拿妖怪的技术”。所以，我们现在知道了那个“经典问题”的答案，今天的法律人只能叫“律师”，不能叫“法师”，是因为“法师”这个称呼已经被人家先占了。但是，《新华字典》揭示了“法”的内涵或者外延吗？好像也没有。

总的来说，《康熙字典》和《新华字典》在做什么样的事情？《康熙字典》和《新华字典》只不过指出了“法”这个字在自然语言中的含义，或者说，找到了若干“同义词”。这个事例告诉我们，字典通常不揭示概念的科学内涵，它只不过是给出了自然语言中可以相互替代的词语。北京方言中有个词叫“旮旯”。什么叫“旮旯”呢？意思是“角落”。“角落”揭示了“旮旯”的内涵和外延吗？并没有，它只不过是换用了另外一个词而已。“旮旯”的内涵是什么呢？恐怕应当是所谓建筑墙体形成的特定结构吧。

我们知道，现代汉语的“法”在欧洲语言中可以翻译为英文的“law”，法文的“loi”和“droit”，等等。法国思想家孟德斯鸠的《论法的精神》，法文名字是“De l’Esprit des Lois”。而法国的《人权宣言》，法文名字是“Déclaration des Droits de l’Homme et du Citoyen”。学者一般会说，前一个词比较强调“法”的客观特征，后一个词比较强调“法”的主观特征，约等于英文中的“right”。或者说，前者主要指国家的“法律”，而后者主要指个人受法律保障的正当“权益”。而我国思想家严复早已指出，西文中的“法”在古代汉语中根据语境可以翻译为“理、礼、法、制”等不同的汉字，所以，现代汉语中的“法”字的含义较之古代汉语中的“法”字为广。说现代汉语的“法”基本相当于英文的“劳士”（law），这还是在谈“法”的语义。

总之，自然语言是不能解决我们的问题的，明白法的“语义”，并不能给我们提供足够的信息。刑律，那只是我们今天所说“法”的一小部分，而“处理事务的手段”中只有一小部分是我们关心的“法”。至于“劳士”，我们知道，在英语中还指自然规律，和现代汉语中的“法”并不完全对应。那么，怎么样才能得到一个对于“法”的比较科学的概念呢？

规范

在本课一开始的例子中，请同学们做了若干选择。对于这些选择，现在我们可以重新表述一下：

> 别人推我、吓唬我，我应当反击。
>
> 在母亲人格遭到侮辱时，于欢应当阻止侵害。
>
> 法院应当认定于欢犯有故意伤害罪。

这些由“应当”引导的语句，有什么共性吗？实际上，它们都表述了人们对于行为是非对错的认识。人们认为“对”，就“应当做某事”，对别人做了这件事也会相应地给出积极评价，说“做得对”；人们认为“错”，就意味着“不应当做某事”，对别人做了这件事也会相应地给出消极评价，说“做得不对”。

有同学可能认为，遇到侵害时，反击就是对的，应当反击。法官可能也这样认为，倾向于支持于欢的主张。这是对“反击侵害”这个行为，同学、于欢、法官达成了共识。但是，审判于欢案可就是另一个“行为”了。同学认为反击侵害正确，并不一定就认为法官可以判决于欢无罪释放。评价法官的行为，又需要不同的依据。根据常识我们也知道，判断法官的“判决”这个行为是不是正确，依据只能是法律本身。但无论是评价“反击侵害”行为还是审判于欢案的法律依据，都是人们对于是非对错的认识。我们可以把这种认识称为“规范”。规范一般可以表述为以“应当”引导的语句。

有了规范，就能解决一些问题了。比如，个人是否要反击别人的推搡、吓唬。你认为应当反击别人推搡、吓唬，就会那样做。如果你没有那样做，其实还是因为你并不觉得在任何条件下都应当直接反击，要具体情况具体分析。这时候，你接受的规范已经不是“应当反击别人推搡、吓唬”了，而是“在一定的条件下才应当反击别人推搡、吓唬”。

如果在刚才提炼概念的时候，我们还非要给“清华大学法学院”加上“一所好的法学院”这个内涵的话，那么也可能相应地得到“高考后填报志愿应当考虑清华大学法学院”这个规范。这个规范显然也有用——起码对于法学院招生是有用的，对于个人成长则要看学生和学院的长期互动才知道结果。

但是，只有规范，却不能解决复杂的问题。于欢案仍然是个很好的例子。不同于我们想象中同学、于欢、法官达成共识，皆大欢喜的和谐场景，在现实世界中，人们的立场不同，观点也随之不同。于欢母亲苏某某会怎么考虑这件事？她面对直接的人格侮辱，当然希望有人帮助摆脱困境。她一开始曾经找警察，也体现了这种心理。当然，如果是警察而不是于欢救援了她，她一定会更加高兴。至于于欢，他当时的选择是不顾一切地去救援母亲。但是如果一念之差，他也可能持刀和人对峙，而非乱刺乱捅。被于欢伤害的那些人自然也会有不同想法。“杀人偿命，欠债还钱”。于欢杀了人不该偿命？苏某某不该还钱？显而易见，他们对于是非对错显然有完全不同甚至根本对立的认识。这时候，又以谁的规范为依据来解决问题呢？

规则

再来看一个实例。

> **实例**
>
> 清华大学有长期流传的口号“为祖国至少健康工作五十年”，近年来还说“无体育，不清华”。同学们参与体育活动的意愿很高，需求也很大。现在，清华大学的体育设施已经可以通过电子系统，先预约再使用，非常便捷。过去则不是这样。多年前，每学期初，清华大学气膜馆前都会有一个颇为壮观的场景。许多同学拿着铺盖和饭盒，要提前几天到气膜馆前排队，等着预约这一学期的羽毛球运动场地。

在同学们的促使和帮助下，当时的气膜馆管理员终于想出一个办法，发布了一个公告。公告是这样的：

> 从2016年9月5日上午9点开始，可以定秋季学期的场地了。这学期一共发100个号，每个号可以预定4小时的场地。排队时间在场馆运行时间进行。间隔一小时点一次名，点名未到的视为放弃，后面的顺延。9月3日点名时间是晚上7点30分。9月4日点名时间是早上8点到晚上10点中间的每个整点，一直到晚上10点。9月4日晚上10点最后一次点名以后，按照顺序发放100个号。然后大家就可以凭号来登记预订了。

我们来讨论一下，它到底是什么意思呢？它能不能解决之前所讲的同学要提前几天前来排队的问题？

效率问题。这个公告所说的办法，至少能解决一个问题。同学们在排队这件事上花的时间和精力肯定比以前少多了。过去你要昼夜不停地等在那里才行，可不是工作时间来点名就可以，得睡在那里。有了这个公告，同学们至少不用睡在那里了，中间获得很多可以自由活动的时间。这种做法提高了效率。

公平问题。通过几次点名的方式，可以筛选出真正想要预订的人。也就是说，如果有一些人的意愿没有这么强烈的话，可能会中途放弃，名额会腾出来，给那些更迫切的人。这种做法使资源和需求更加匹配，更加公平。

预期问题。在排队的时候，同学们原本可能很迷茫、很焦虑。现在大家知道了，管理员一定会在某几个时刻点名，而且如果每个时间点都到，就一定能够预订到运动场地。同学们就会形成心理预期，产生确定感。

秩序问题。如果我本来排在这儿，张同学排在我后面。后来我实在饥饿难忍，人缘又不好，没有人替我打饭，我想去食堂吃饭，只好和张同学说，我去一下，我待会儿回来还站在你前面哈。张同学可能也含混应承了。在原来的情形下，等我回来，张同学可能突然问“你是谁啊”?!但现在我知道，只要手上有这个号就不怕，等我回来还能排在张同学前面。这种做法避免了纠纷，维持了秩序。

看来，管理员通过发布公告的确达到了一些效果。那么，他实质上做了哪些工作呢？首先，他把大家原本默示于心的那些规范进行了整理，把它写下来，把它成文化了；贴出告知、予以公布，把它正式化了。我们可以把将规范成文、正式化的这番工作，称为“形式化”。因为成文和正式，归根结底是创造了一个新的形式。过去形式是存在脑子里的，现在则变成了公告的白纸黑字。

可完成了规范的形式化，就彻底解决问题了吗？其实还没有彻底解决问题。在什么地方没有彻底解决问题？例如，“黄牛”的问题就解决不了。仅凭一个“公告”，只能解决有限的问题。而更为重要的是，对于“公告”的内容，大家还会有误解。为什么会有什么误解呢？因为写下来并不等于写清楚。对于这个“公告”，我们很难一下子就看明白。比如，每个人可以领取多少个“号”？点名时是否需要第一次取号的那个人到场？等等。

所以，只是“写下来”可能还不够。要想使“形式化”更加彻底，使内容一目了然，文本通常需要形成特定的结构。形成什么样的结构呢？就是“行为模式加法律后果”这个特定结构。我们把具有特定结构的表述，称为规则。换言之，规则必须具有特定的结构，否则就不能被认为是个规则，而只能认为它是一个形式化还不彻底的规范。

我们来看清华大学图书馆现在的电子预约“规则”。

1. 读者登录图书馆阅览座位预约系统/图书馆微信公众号，可预约当日或次日的座位。

2. 读者在开馆时间段预约当日座位，须在预约成功后30分钟内完成签到。

（1）未进馆读者通过门禁闸机刷卡入馆自动完成签到；

（2）已入馆读者，需在选位机上刷卡签到；

（3）如未签到，系统将记违规1次。

3. 读者预约未开馆时间段（含次日）座位，须在预约生效日开馆后30分钟内签到。

（1）如无法正常赴约，应在预约系统开始前登录取消预约；

（2）开馆后通过门禁闸机刷卡入馆自动完成签到；

（3）如未签到，系统将记违规1次。

4. 读者在各馆使用座位期间发生的各类型违规记录，将统一累计。违规计次满5次，暂停3天（自然日）座位使用权（含预约）。停用期结束后，违规计次归零，恢复选位和预约权限。

5. 读者在预约网页/微信号的“我的中心”里，可查询本人违规记录详情。

行为模式是什么？法律后果又是什么呢？行为模式很复杂，法律后果也很复杂，但至少，对其内容不会再有什么误解了。

规则和条文

再来看一个例子。

> **实例**
>
> 我国《老年人权益保障法》第 18 条第 1、2 款规定，家庭成员应当关心老年人的精神需求，不得忽视、冷落老年人。与老年人分开居住的家庭成员，应当经常看望或者问候老年人。

这样一个规定，它的行为模式、法律后果各是什么？它是不是规则？如果它是规则的话，它的行为模式和法律后果分别是什么？一种想法是，想尽办法在这条表述中分别找到行为模式和法律后果。但是很显然，在文本中，行为模式清楚，法律后果并不清楚。其实，这条规定行为的法律后果写在了别的法条中。法律规定家庭成员应当关注老年人。如果你不这样做，你的行为就违反了法律规定，而且作为赡养人，很可能还违反了其他法律规定的义务，就要承担相应的法律责任。

这个案例表明，规则和条文不是一回事。规则和条文不是一一对应的关系。有的时候，一个规则要几个条文来表述。有的时候，一个条文就包括了几个规则。总之，并不一一对应。为什么会这样呢？就拿上面这个例子来说。如果要把规则都写完整，这个法条就会非常长。规则和条文不一一对应，是基于立法技术的考虑，主要是为了简洁。很多行为模式的法律后果是一样的，那就可以用另一个条文把法律后果放在一起写。

但是，规则和条文不一一对应，也给法律人提出严肃的挑战。既然条文不总是行为模式加法律后果的写法，那么，条文背后真正的规则到底是什么？这就往往需要我们法律人发挥聪明才智去寻找。从文本中发现真正的规则，并不是那么简单的工作。

但无论如何，我们现在已经可以给出法的一个相对科学的概念了。

法是规则的集合。

显然，这样的“法”概念，它的外延是相当宽广的。它并不仅仅包括我们日常所说的“法律”，比如《老年人权益保障法》，还可能包括清华大学图书馆的预约规则，甚至如果写得很清楚的话，也可以包括气膜馆管理员发布的公告。有一年清华大学男生节的时候，法学院的女同学制作了一个横幅上书“对你的爱，是我们最高位阶的习惯法”。虽然从知识点的角度说，这句话简直“漏洞百出”，但“法”如“爱”一般覆盖我们个人和社会的整个生活，则是一个美好的现象。

阅读指引

何美欢：《理想的专业法学教育》，清华大学出版社2016年版。

对于初入法学院的本科生来说，什么是“理想的专业法学教育”无疑是他们关心的问题。已故的何美欢教授在这本书中谈论了她的理想和课程设计。在《理想的专业法学教育》中，何老师介绍了优秀的法律人应当掌握的专业技能；“普通法精要”课程概要中则结合案例，说明了案例分析和法律推理的方法。这些尤其值得本科生参考。

[英] 尼尔·麦考密克：《大师学述：哈特》，刘叶深译，法律出版社2010年版。

该书的前半部分援用了“法理学”现代学术传统中的大量成果。了解法学家哈特以及“法理学”现代学术传统的产生背景，对于同学们学习课程将颇有帮助，该书第二章“哈特：道德批评者和分析法学家”包括了这部分内容。作为一本学术传记，对于初入法学院的本科生来说，这本书也比较好读。

第二课　实定法和法治

本课的重点是介绍实定法的概念和法治的理念。需要掌握权力、权威、制定法、判例法、法系、法律体系等概念。

权力是单方面改变对方状态的能力。在通常情况下，权力的行使并不是靠物理机制来达成的。权力的行使，在现实中往往是通过改变权力对象的认识也就是靠心理机制来达成的。权力的拥有者，可以被称为“权威”。权威可能是个人，也可能是组织、机构。社会学家马克斯·韦伯把权威划分为三种类型：传统型、克里斯玛型、法理型。法理型权威是现代类型的权威。权力的行使在很多情况下未尽合理。现代社会往往需要通过权威的分工、权力的制约来约束权力。根据权力性质的不同，现实中主要有三种权威：立法、司法、执法（行政）。但权力与权威不是一一对应的。立法权并不一定只能由立法机关来行使，立法机关行使的也不一定只能是立法权。

权力受规则控制的状态，可以被称为法治。在法治的状态下，权力和权威都服从法律的要求。对于法治这个概念，最经典的概括就是“王在法下”。拥有最高权力的人，也要服从他自己制定的规则。这是法治的最低标准。

实定法，是合法权威制定或认可的规则。实定法可以分为制定法、判例法和国际法等。根据一个国家实定法的主要类型，可以把这些国家的法律秩序划分为不同的法系。今天世界上最主要的法系有普通法法系、大陆法系等。

权力和权威

先看一个例子。

实例

书山有路勤为径，学海无涯苦作舟。

核51班每个同学都深刻认识到求知进取的重要，对自己的业务学习提出了严格要求。

大一是同学进入大学的第一年，也是实现从高中向大学转换、为大学生活打下坚实基础的关键一年。大一刚开始时，有的同学对于大学学习方法还不太适应，对学习比较困惑；有的同学还沉浸于高考胜利的喜悦中，对学习不够重视；还有的同学由于对所学专业认识不深入，对学习比较迷茫……

面对这些情况，经验丰富的班主任老师及时召开班会，向同学们反复强调养成良好学习习惯和形成优良班级学风的重要性。针对在学习上存在问题和困惑的同学，班主任老师一次次主动找他们谈心，帮助他们分析原因，解决思想上的困惑。

“千里之行，始于足下”，辛勤的努力换来了甘甜的果实。在班主任和同学们的共同努力之下，只争朝夕、积极进取在核51班蔚然成风，大一下学期，我们班的总体成绩已跃居年级第一。现在我们懂得：只有学习提上去了，做其他任何事情才是有底气的。这个第一名，是我们拿到的第一份荣誉，也是建立信心的一份荣誉，可以说是摩天大厦的坚固基石。

如果说大一的学风建设在很大程度上得益于班主任老师辛勤的付出与帮助，那么大二、大三学年核51班在学习上的进步则是班级同学自觉努力的成果。进入大二学年，随着计算机在各个宿舍的普及，班级面临一个普遍问题，即如何科学合理地使用计算机，继续保持原来的良好学风。在这之后召开的一次班会让每个人都记忆深刻。班会的主题是讨论并制定出《核51班级电脑使用公约》，如何在促进学习和适当合理的娱乐诉求间找到平衡的支点成为那次班会争论的焦点。会上大伙各抒己见、畅所欲言，每一条公约的制定都经过了唇枪舌战。

“计算机本身并无对错之分，关键因素在于使用计算机的人。”在争辩得不可开交时班主任老师的一番话让我们茅塞顿开。

激烈的争辩启发了每个同学对于学生职责和如何自我管理的思索，也激发了每个人思维的创造力。当公约最终呈现在我们面前时，没有一个同学提出异议——因为这是集体智慧的结果，而遵守和执行公约则是个人对于集体的郑重承诺。

进入大三学年，专业课程的繁重是有目共睹的。一方面，大三学年不少同学都承担了较为繁重的社会工作，活跃在各个学生组织和社团的核心岗位；另一方面，同学们也开始面临推研就业和专业选择的考验。核51班的同学们群策群力，班团委积极行动，共同研究制定出了应对措施。

每天早上7:15，伴随清晨的阳光，总会有一个同学敲响每个宿舍的门，督促嗜睡的同学按时起床——他就是W同学。这一习惯他整整坚持了一年，看似不起眼的举动却需要巨大的毅力和持之以恒的精神。他这么做完全是义务的，并没有谁去督促。正是清晨这一声声从不失约的敲门声，核51班没有一位同学再迟到过，即使是最贪睡的同学也未曾有过一句怨言。

可以说，大三一年是核51班同学过得最充实的一学年。

我们没有找到《核51班级电脑使用公约》原文，但是找到了一份电51班的，它是这么规定的：

任何时间电脑、手机都可以用于学习社工。但是只有在指定的时间才可以用于娱乐，其他时间不行。所谓指定时间，就是周日晚上的9:30~10:30。这时候可以下载网游娱乐。其他的时候电脑上不可以出现网游和娱乐的视频。

如果在非指定时间玩网游或看娱乐视频的，被发现后，手机、电脑没收，交给班主任保管一个学期。还要写检讨书，罚款2000元，充入班费。情节严重的，主要指拉同学一起玩、教同学玩，要找他家长谈话。

首先，我们来谈谈核51班的故事。你觉得怎么样？刚刚学了一点点法律知识皮毛的同学中，一定有人会说，W同学这样做有失妥当。他们会说，我国宪法有规定，公民的住宅不受侵犯。定期来到同学宿舍，而不问同学是否愿意被打搅个人生活，可以看作对同学“住宅权利”的一种侵犯。而且，如果目的是号召大家积极上自习，完全可以利用班会或者是其他的时间进行宣讲。也就是说，完全可以寻找到替代手段来达到同样目的。

说宿舍是住宅，涉及上节课讲的知识，就是对“住宅”概念内涵和外延进行辨析。学校可能会说，物业是学校所有的，怎么成了你的“住宅”？再说，大学跟学生的关系，在我国也不是民事合同关系，主要是行政管理关系。所以，你很难用所谓住宅权利来抗辩。至于说隐私权，也不可想象你在一个多人在场的“公共场所”干什么不能被同学看见的事情。而在早上7:00以后，W同学或者任何人来敲门，本来也无可厚非。

假设当事人不再是W同学而是班主任老师呢？可能有同学会说，班主任可能无权对学生的学习生活进行管理——并非如此，恰恰相反——的确没有一项法律或者清华大学校规规定，什么时间必须去图书馆学习。问题是，现在班主任老师就出现在你面前了，并且要求你离开寝室去上自习。你是去还是不去呢？你肯定会去的。你为什么会去？因为班主任的威信是大家共同认可的。因为他比较资深、学术和教育水平高，他是清华大学指派的，甚至他看起来比较强壮。总之，你肯定会去的。

再来看电51班的班级公约。对于班级公约，同学们大多会觉得罚款2000元不合理。但问题是，这是他们这个班的成员一起开会商量决定的。

那怎么办？当然，的确有执法成本的问题。“执法人员”在任何时间都能检查到同学们的手机、电脑，看看里面是否有游戏和娱乐视频，这个难度很大。

看了上面这两个例子，我们就可以来讨论“权力”的概念了。

权力是单方面改变对方状态的能力。同学们可能不情不愿，但假如班主任老师出现在他们面前，他们都会离开寝室。老师单方面改变了同学的状态，并不用和同学商量。

权力的拥有者，我们称为“权威”。权威可能是个人，也可能是组织、机构。电 51 班就是个组织。当然，组织最终还要依靠特定的个人来行使权力。社会学家马克斯·韦伯把权威划分为三种类型。第一种权威是传统型。假设同学们去上自习的原因是，他们认为老师比较资深，而同学们应当尊师重教，这就是一种传统观念中的权威。社会上和高中生对“班主任老师”都是这样看待的，也影响他们和老师互动的方式。第二种权威叫“克里斯玛型”，是说权威有极大的魅力。如果班主任老师学术和教育水平高，同学们心悦诚服，从心里佩服他，那他出现在同学们的面前提出去上自习的建议，同学们肯定也会听他指挥。第三种权威则是最重要的，是现代的类型，可称为“法理型”。这种权威不是我们对权力有一个不经推敲的信念，也不是因为权威者本人具有超凡的魅力，而是因为规则赋予其权威。如果电 51 班这个“公约”行得通的话，电 51 班及其班长就将是一个法理型的权威。班长能检查同学的电脑、手机，肯定不是因为他原来一直可以这么干，或者大家都喜欢他这么干，而是因为有了这个“公约”，授权班长可以这么干。甚至，班长这个“机构”本身都是规则所创造的。

此外，我们还会发现这样一个现象。在通常情况下，权力的行使并不是靠物理机制来达成的。什么意思呢？几乎没有任何一个同学说，要去上自习是因为班主任老师练过跆拳道，特别害怕他。也没有同学是被班主任老师用手抓着带去上自习的。权力的行使，在现实中往往是通过改变权力对象的认识达成的。你本来认为不用去上自习，但是老师出现在你面前了，无论基于什么理由，你改变了对于“该不该去”这个问题的认识，最终自己走着去上自习了。

而如上述故事所表明的，权力的行使在很多情况下未尽合理。比如，要没收同学的电脑、手机。我们感觉到有迫切的需要，要对它进行控制。那么，我们怎么样对它进行控制呢？

练跆拳道以保护自己算个办法，但不切实际。人们最后想到的办法，是用规则来控制权力。或者说，使我们的认识并不会被权力所改变，反而要去改变权威对其行为的认识，让它为我们服务。

具体而言，班级公约规定了罚款 2000 元，我们要问，有没有清华大学或者国家其他的规则允许班长这样做？答案当然是没有。所以班长就不能那样做。

回到老师的故事上，就不那么简单了。国法校规当然对班主任的行为也有约束。但对于查寝这件事，可能不是限制的，而恰恰是支持的，至少也是放任不管的。那这时候同学有意见该怎么办呢？有同学说，他要投诉。向谁投诉呢？可以找校长，甚至可以找更大的领导。可校长和更大的领导很可能都担任过班主任，也都支持老师的学风建设。那又该怎么办呢？

现代社会想到这么一个办法，就是通过权威的分工、制约来约束权力。权力是单方面改变对方状态的能力，仅凭我们对其毫无办法。但如果有几个权威，他们各自具有一些能力，使其不能够简单地通过单方面的决定来改变我们的状态，我们就能抵制有人恣意地使用权力。

根据权力性质的不同，现实中主要有三种权威。第一种是制定规则的权力，也可简称为立法权。就电 51 班公约来说，这个班本身就是一个制定规则的权威，它拥有立法权。第二种是解释规则的权力，也可简称为司法权。第三种则是执行规则的权力，也可简称为行政权。在我们的故事中，“很不幸地”，实际的行政权和司法权似乎都集中在同一个机构——班长手中。

特别需要注意的一点是，权力与权威不是一一对应的。立法权并不一定只能由立法机关来行使，立法机关行使的也不一定只能是立法权。立法权不一定只由立法机关来行使，有的行政机关也可以制定规则。比如，在我国，国务院是我国的最高行政机关，但国务院也有立法权，它可以制定行政法规。

我们把权力受规则控制的状态，称为法治。也就是说，在法治的状态下，权力和权威都服从法律的要求。对于法治这个概念，最经典的概括，就是“王在法下”。

“王在法下”作为一个理念，800 年前最早出现在英国的《大宪章》之中。《大宪章》的订立是英格兰历史发展的结果。由于王位继承纷争，特别是与法国争夺诺曼底的战争，加剧了业已存在的政治经济危机。为了化解窘境，英格兰国王约翰对英格兰贵族阶层横征暴敛、卖官鬻爵，终于把大量盎格鲁—诺曼贵族推向自己的对立面。1214 年，约翰的军队在博温斯战役中被法国军队击败，这成为推倒他的最后一根稻草。英格兰贵族团结起来，胁迫约翰让步。虽迫不情愿甚至兵戎相见，但约翰最终失败了。1215 年 6 月，约翰与英格兰贵族代表签署了《大宪章》。

《大宪章》具有顽强的生命力，至今仍然在英国法律体系中产生效力和影响。在形式上，《大宪章》是英格兰国王颁发的特许状，但涵盖的社会生活领域十分广泛，重要性远远胜于后世的大学、公司章程。在性质上，《大宪章》是英国宪法的组成部分。在内容上，《大宪章》规定了君主权力、民意机关、人民自由、地方自治、财政税收等方方面面的重要事项。在效力上，《大宪章》的有些条文至今仍然有效。20 世纪 70 年代发生的关于移民是否要先被遣返再等待居留权审判的潘所普卡案，21 世纪初发生的关于印度洋岛屿原住民应否被强制搬迁以为美国军事基地提供土地的班库尔特案都涉及《大宪章》的规定，英国法官也在判决书中援用了《大宪章》的条文。

1215 年《大宪章》鲜明提出“王在法下”的法律原则。《英宪精义》的作者、英国宪法学家戴雪（Albert Dicey）有言：“法律是最贵国宝，为君主所有；全国人民以至君主本身都须受治于法。倘使法律不能为政，以至全国无法律；必至全国无君主，复无任何遗产之可言。”当时，法律虽然为君主所制定，但君主本身也必须服从自己制定的法律，这就是“王在法下”原则的要旨，是法治本质之所在。宪法史学家梅特兰

（F. W. Maitland）说："国王可能犯错；他可能违法；他低于法律，尽管他不低于任何人，也不低于任何法庭。"归根结底，拥有最高权力的人，也要服从他自己制定的规则。

如果老师自己制定了一个规则，我每周一至周五晚上9:30～10:30到寝室去查寝，并将这个规则公之于众，然后老师7:30突然来了，那是不行的。因为老师至少要服从他自己所制定的规则。这是法治的最低标准。

实定法

实定法，是合法权威制定或认可的规则。法是规则。实定法在“法”的大集合里面，又画出了一个比较小的集合。所以，它给“法”究竟加上了什么样的限制呢？说到底，它要求规则本身是合法的权威制定的或者认可的。

即便是规则，比如清华大学图书馆的规则，已经非常清晰，仍然可能引发争议。这个时候，我们要服从合法权威的判断，来决定究竟这个规则应当如何表述和理解。

这里会有一个问题。合法权威制定实定法，这是不是鸡生蛋、蛋生鸡呢？但如果你回想一下刚才的实例，就会发现，在现实生活中恰恰不是。如果电 51 班制定的公约规定，成立电 51 班，并有权制定公约，那么可以说，同一时刻既产生了合法权威，也出现了合法权威制定的规则。在国家层面也是如此。很多国家和该国宪法的关系也不妨这样理解。

“制定”这个词很好理解，是形式上的从无到有。什么叫认可呢？认可是说，过去就存在这些规范和规则，当合法权威出现的时候，从现存的规范和规则里面挑出了一些由其实施。这些规则不是这个合法权威制定、颁布的，但是其选择承认的。

加拿大、新西兰等地有很多原住民族。他们是一万年以前从亚洲跨越当时存在的陆桥或者岛链到达美洲和大洋洲的。这些国家的法律承认原住民族的规范和规则，部分是可以被法院所适用的，这就是通过“认可”而来的实定法。加拿大 1982 年《宪法》第 35 节规定了原住民族的固有权利和条约权利，1985 年《印第安法》进一步确认了原住民族部落委员会的形式和职责。新西兰人对《怀唐伊条约》的理解和加拿大人也很类似。《怀唐伊条约》第 2 条把渔权留给了毛利酋长和部落。

我们现在能够看到的最早的实定法，可能是《汉谟拉比法典》。大家可以看到法典石柱上有当时君主颁布法律的形象。在中国，我们能够看到比较早的实定法文本，是出土的秦简，上面有秦律。非常有趣的是，秦简上说，要没按期赶到工地干活的话，会有一些简单的处罚——“御中發徵，乏弗行，赀二甲。失期三日到五日，谇；六日到旬，赀一盾；过旬，赀一甲。其得殹（也），及诣。水雨，除兴”。[1] 我们都知道，《史记》上记载，按照秦朝的法律“失期，法皆斩”，所以陈胜、吴广提出误工或造反结果都是死，造反还有可能向死而生。这样看来，要不就是陈胜、吴广不懂法律，要不就是他们故意这样说，误导了其他要服役的人。当然，也许秦律的规定只是具文而已，执行的官吏会任意解读、实施，毕竟，秦朝又不是个现代意义上的“法治”国家。

---

[1] [日] 工藤元男：《睡虎地秦簡訳注秦律十八種·效律·秦律雜抄》，汲古書院2018年版。

制定法、判例法和国际法

对于实定法，我们可以进行一些分类。从形式上，可以分为制定法、国际法和判例法等。

第一种也就是最常见的实定法是制定法。国家是最主要的合法权威，由国家立法机关制定的这些规则，我们称为制定法。

第二种是国际法。它不是由一个立法机关制定的，可能是若干国家共同制定的，或者由国际组织制定或认可。我们所说的国际法，主要是条约。条约是几个国家商定的，至少两个国家，也可能是很多国家，那就是所谓的多边条约。国际法学家王铁崖先生编纂的《中外旧约章汇编》中收录的中国与外国签订的第一份条约是《尼布楚条约》。这份条约是1689年9月7日，康熙二十八年七月二十四日，俄历1689年8月27日，于尼布楚签订的。文本开头写：

> 中国大皇帝钦差分界大臣领侍卫内大臣议政大臣索额图，内大臣一等公都统舅舅佟国纲，都统郎谈，都统班达尔善，镇守黑龙江等处将军萨布素，护军统领玛喇，理藩院侍郎温达；俄罗斯国统治大俄小俄白俄暨东西北各方疆土世袭独裁天佑君主约翰阿列克歇耶维赤及彼得阿列克歇维赤钦差……于康熙二十八年七月二十四日，两国使臣会于尼布楚城附近，为约束两国猎者越境纵猎、互杀、劫夺，滋生事端，并明定中俄两国边界，以期永久和好起见，特协定条款。〔2〕

今天，国际法有了新的形态，主要表现为欧洲人权法院的判决和欧盟法院的判决等。欧洲人权法院是基于《欧洲人权公约》这样一个国际

〔2〕 王铁崖编：《中外旧约章汇编》（第一册）（1689—1901），三联书店1957年版，第1页。

条约所成立的国际机构。欧洲人权法院可以处理主权国家侵犯人权的案件。所以当有人受到《欧洲人权公约》缔约国侵害，并且穷尽其本国的救济手段还不能够解决的时候，他可以直接向欧洲人权法院提起诉讼。这是个比较新的现象。个人与主权国家当庭对质，而且个人的胜率不是很低。此外，还有欧盟法院。欧盟法院对于欧盟机构和欧盟国家违反欧盟法的行为也可以作出判决。

第三种实定法是判例法，是存在于判决书中的规则。最近，英国作出了两份与“脱欧”有关的非常重要的判决。判例书里面，有支持判决结果的意见，也可以包括反对意见和附属意见。附属意见是支持主要意见的，反对意见当然就是反对主要意见的。法律人要区别这个判决书给出的判决理由和它仅仅提及的一些议论。判决理由是判决书真正给出的它所适用的那条规则，而其他的表述只是法官在判决书中发表的个人看法。只有真正的判决理由才可以为下级法院以后在审判中所适用，这就是所谓的遵循先例原则。

法系

比较法学家茨威格特等人认为有必要“将世界上为数众多的法律秩序加以分类，归入少数的几个大集团（‘法的家族’或‘法圈’）”，考虑因素主要包括：“（1）一个法律秩序在历史上的来源与发展；（2）在法律方面占统治地位的特别的法学思想方法；（3）特别具有特征性的法律制度；（4）法源的种类及其解释；（5）思想意识因素。”〔3〕其中第（4）项因素和我们这里的讨论最为相关。我们可以根据一个国家实定法的主要类型，把这些国家的法律秩序划分为不同的法系。

今天世界上最主要的法系有三个。以判例为主要实定法的是“普通法”国家。主要是英国、加拿大、澳大利亚、新西兰等英联邦国家。在普通法国家，法官的地位极为尊崇。因为普通法实质上存在于判决书中，法官是法律真正的“宣谕者”。在很多个世纪，英国一直没有最高法院，它是议会上议院中的一个名义上的委员会。它还有另外一个“马甲”是枢密院的司法委员会。名义上，由上议院审判国内的上诉案件，枢密院主要处理来自殖民地的案件。当然，实质审理案件的都是专任的法官们。

另外一个主要的法系是“大陆法”。大陆法国家最主要的特点就是实定法主要是制定法。法学家的地位就会比较重要，因为大陆法国家的立法和司法工作受到法学理论、法律学说的影响比较大。《德国民法典》及它的评注一直被认为是人类法律智慧的伟大创造。法学家苏永钦教授曾经说：“在德国读书的人都知道，德国法律人不可能有一天没有评注，这和美国的律师、法律教授一样，他的书架上一定有案例书，德国就一定有评注书。”他还讲过自己的故事：

---

〔3〕［德］K. 茨威格特、H. 克茨：《比较法总论》，潘汉典等译，法律出版社 2003 年版，第 108 页。

> 我还有一个特殊的经验，大概在三十几年前我在慕尼黑大学读书时，赚外快的方式之一就是在图书馆打工，我跟我太太轮流取得了这样一个工作机会，可以在图书馆不受干扰，还可以看书，我们都非常喜欢。后来才知道我们要做一个事情，就是帮散装本的评注书去抽换。那个工作还不是很简单，会抽换那种复杂的评注书人的还不多，那时候我们才知道他们是这样工作的。重要的散装本评注书，都是使用在变化比较大的领域，如商法、行政法，一年有时候换两三次，这些是我脑子里的印象。

在世界上，与这两个法系同时存在的还有“伊斯兰法系”。这些国家最重要的实定法不是制定法，也不是判例，而是宗教经典以及教法学者的解释。比较法学家高鸿钧教授介绍说：“……主要包括《古兰经》、圣训、公议论和类比。”[4] 这些被他们直接用于处理法律纠纷。今天世界上实行伊斯兰法的国家不是很多。人民主要信奉伊斯兰教的国家未必一定实行伊斯兰法。比如，马来西亚会在婚姻家庭领域实行伊斯兰法，但在其他领域实行普通法。

在古代，存在中华法系。中国古代的实定法也是比较有特点的。学者经常用所谓“礼法并重、出礼入刑”来描述之。至于现代的中国法到底属于哪个法系，学者们大概会有三种说法：第一种说法是我们“属于新中华法系”。也就是说，我们过去的那些规则，今天虽然在表面上已经改变了，但其实我们还在遵守。第二种说法是“属于大陆法系”，因为我国也以制定法为主要的实定法。第三种说法就是认为“属于社会主义法系”。因为除了国家的制定法之外，在整个中国特色社会主义法治体系中还有大量的其他形式的重要规定，和大陆法国家并不完全相同。

---

〔4〕 高鸿钧：《伊斯兰法：传统与现代化》（修订版），清华大学出版社 2004 年版，第 28 ~ 29 页。

法律体系

再来看一个例子。

> **实例**
>
> 《清华大学章程》第1条规定，为了保障学校依法办学和自主管理，根据中华人民共和国宪法、教育法、高等教育法等法律法规和规定，制定本章程。

这个“根据”是什么意思呢？

归根结底是说，如果清华大学章程规定的与以上列举的那三个不一样的话，得听那三个的。观察可见，实定法之间存在可能相互冲突的问题。电51班的公约规定可以罚款2000元，但是我国国家的行政法说不许随便罚款。这就产生了冲突。那么，对于这些实定法之间的相互冲突，我们怎么来解决呢？

我们是靠“位阶”这个概念来解决的。我们要在实定法之间划分出它们的位阶，顾名思义，就是决定谁高谁低。所谓“高”，本质上是在实定法相互冲突的条件下，优先适用。被优先适用的那条实定法，我们称它的位阶比较高；被排除掉的，位阶就相对比较低。

为了便于大家判断实定法的位阶，从操作的角度，我们一般会根据制定这条实定法的权威本身的权力大小来判断。所以国务院制定的规则就比教育部制定的高，教育部制定的规则就比清华大学制定的高。

来看一个例子。这是我国立法机关遇到的一个问题，看看你们能不能解决。

实例

行政处罚法规定说，地方性法规可以规定除限制人身自由和吊销企业营业执照以外的行政处罚。显然这是说，限定人身自由、吊销企业营业执照不可以由地方性法规来规定，但其他的可以，这很好理解。此外，地方性法规要规定行政处罚，不能超过法律规定的行为、种类和幅度范围。而出现的新情况是，法律规定了管理制度，而地方性的法规提出了更高更严的管理制度。比如，《大气污染防治法》规定，在城区进行施工，或者有其他扬尘活动的，必须采取防治扬尘的措施。结果有的地方就进一步规定了，说“混凝土搅拌站不得新建、不得扩建，已建成的在规定时间内必须关闭”。那么，请问地方性法规可不可以这样规定呢？

有同学会说，这个地方性法规规定的幅度，超出了更高阶的大气污染防治法的规定。为什么呢？因为法律的要求是必须采取防治扬尘污染的措施，这个地方性法规规定说，建成的混凝土搅拌站要关闭，它已经超出了要“防治”的范围。本来要“防治”扬尘污染，可以有很多手段，不一定非要把它关闭。一刀切地把混凝土搅拌站都关闭，不合理。可是，地方政府可以说，我不是说不让你建，你可以在别的地方去建混凝土搅拌站。法律规定的幅度是1～100，地方政府当然可以选比较温和的手段，但选择最严厉的手段，顶格管理选100，也并不违反法律的规定。

可见，在现实生活中，规则之间的冲突是很复杂的。需要大家开动脑筋去解决。当然，如果联想到本课一开始的实例，我们可能倾向于觉得公权力机关不宜说拆除就拆除，只要能够把扬尘污染降低到合理幅度以下，未必就一定不允许。而当我们真的能够排除法律冲突，得到一个具有一致性的规则集合时，就可以称之为法律体系。

阅读指引

[英] 雷蒙德 · 瓦克斯:《法律》，殷源源译，译林出版社 2016 年版。

该书是“牛津通识读本”中对“法律”的介绍。作者雷蒙德 · 瓦克斯教授曾经长期在香港大学法律学院执教，对东西方法学院本科生的情况都比较了解，对不同法系的认识和评价也比较均衡。第一章“法律的起源”和本课内容呼应，值得参考。

於兴中:《法治东西》，法律出版社 2015 年版。

该书的作者於兴中教授将“法治”视为一种“文明秩序”。全书介绍了法治的概念、历史发展，阐述了作为法律文明秩序的法治的含义，并讨论了在中国实现法治的困难，提出了“最低限度的法治”的标准等。在汉语世界，本书是法律人理解“法治”的必备书。

第三课　中国法律体系

本课的重点是介绍中国法律体系中的主要法律渊源：法律、行政法规、地方性法规、自治条例和单行条例、经济特区法规、规章等。

我国的“法律”有广义和狭义之别。“最狭义的法律”是《立法法》第7条所称的法律，包括全国人大制定的基本法律和全国人大常委会制定的其他法律。两个都叫法律，是“最狭义的法律”。比“最狭义的法律”范围更大一点的是，“宪法和法律”这个表述中的“法律”，它指我国法律体系中除了宪法之外的其他法律渊源。当然，还有更广义的法律，那就是包括宪法在内的我国法律体系中的全部法律渊源。学生需要掌握哪些“法律”在我国可以被司法机关适用。

法律适用和法律解释密切相关。我国的法律解释权属于全国人大常委会。需要解释法律，主要有两种情况：法律规定需要进一步明确具体含义的；法律制定以后出现新的情况，需要明确适用法律依据的。值得注意的是，除了全国人大常委会之外，我国司法机关也可以发布文件来解释法律。遇到法院在审判工作中具体应用法律的问题，最高人民法院可以进行解释。最高人民法院发布了《关于司法解释工作的规定》，明确了司法解释的形式：解释、规定、规则、批复、决定。

对法律渊源的两种理解

首先要介绍的概念是法律渊源。对于法律渊源这个概念，通常有两种理解。第一种，法律渊源指的是一个国家实定法的形式，到底有哪些实定法？第二种，到底哪些实定法可以被司法机关所适用？在绝大多数国家，两种定义的外延是重合的，但在我国会略有不同。

这里要插入介绍一个知识。我们究竟怎么来引述、指称实定法呢？《立法法》对此讲得非常清楚。法律根据内容的需要可以分为编、章、节、条、款、项、目。在我国，制定法就应该长成这个样子，它是根据编章节条款项目来排列的。“编、章、节、条的序号用中文数字依次表述，款不编序号，项的序号用中文数字加括号依次表述，目的序号用阿拉伯数字依次表述。”

法律

我国的法律渊源首先有“法律”。《立法法》第7条第2款中规定，全国人民代表大会（以下简称全国人大）可以制定和修改刑事、民事、国家机构和其他的基本法律。第3款中规定，全国人民代表大会常务委员会（以下简称全国人大常委会）可以制定和修改除应当由全国人大制定的法律以外的其他法律；在全国人大闭会期间，全国人大常委会对全国人大制定的法律进行部分的补充和修改，也是可以的。

谈到法律时，很重要的一个知识点是，我国的“法律”有广义和狭义之别。“最狭义的法律”是《立法法》第7条所称的法律，包括全国人大制定的基本法律和全国人大常委会制定的其他法律。两个都叫法律，是“最狭义的法律”。比“最狭义的法律”范围更大一点的是，“宪法和法律”这个表述中的“法律”，它是指我国法律体系中除了宪法之外的其他所有法律渊源。当然，还有更广义的法律，那就是包括宪法在内的我国法律体系中的全部法律渊源。比如在日常语言中，有人会问：“同学们上法学院学什么?”回答：“学法律。”答者一般不会说“学宪法和法律”。

行政法规

《立法法》第 65 条第 1 款规定，国务院根据宪法和法律，制定行政法规。

这个“法律”是什么法律呢？在这里当然是指狭义的法律。如果是广义的法律，就成了国务院根据低位阶的各种规定来制定行政法规了。

行政法规可以规定什么呢？行政法规可以就两个问题进行规定。第一，为了执行法律的规定，需要制定行政法规。法律已经规定了，但是非常概括，我们还需要有具体的规定，这时就可以制定行政法规。第二，国务院除了可以根据法律的规定制定行政法规以外，也可以直接根据《宪法》第 89 条的规定制定行政法规。这是十分关键的。也就是说，我国宪法直接授予国务院一定的立法权。当然，这个授权也是有范围的。国务院制定行政法规时不能越权。

国务院的行政法规《行政法规制定程序条例》对于行政法规的立项、起草、审查、决定、公布和解释作出了规定。

地方性法规

地方性法规有两种。

根据《立法法》第 72 条第 1 款的规定，省、自治区、直辖市的人大及其常委会，可以根据本地的情况，在不同宪法、法律、行政法规相抵触的前提下，制定地方性法规。

省的人大及其常委会都可以制定地方性法规。但是制定地方性法规有个要求，是不同宪法、法律、行政法规相抵触。这里有个问题，因为法律是全国人大及其常委会制定的，省的人大常委会制定的地方性法规，位阶不同，地方性法规不同全国人大及其常委会制定的法律相抵触，这很好理解。但是，为什么地方性法规也不能同行政法规相抵触呢？行政法规是国务院制定的，地方人大则代表了本地的民意，为什么要听国务院的呢？因为我国是一个单一制的国家，地方要服从中央。地方性法规代表了地方的利益，但是如果同行政法规所代表的全国利益相冲突的话，要服从全国的整体利益。

《立法法》修改后，还授权设区的市的人大及其常委会也可以制定地方性法规。但有两个要求。第一个要求是，既不能同宪法、法律、行政法规相抵触，也不能同本省、自治区的地方性法规相抵触。第二个要求是，限制了能够制定地方性法规的事项，只有四项：环境保护、历史文化保护、城乡建设和城乡管理。

时任全国人大常委会副委员长李建国在《关于〈中华人民共和国立法法修正案（草案）〉的说明》中对 2015 年《立法法》第 72 条的背景作了清晰阐述，即“为落实好党中央的精神，既要依法赋予所有设区的市地方立法权，以适应地方的实际需要，又要相应明确其地方立法权限和范围，避免重复立法，维护国家法制统一”。由此可见，在党的十八届四中全会已经决定赋予设区的市地方立法权的情况下，明确其地方立法权限和范围，不允许设区的市的地方性法规同上位法相抵触，且只能规定城乡建设与管理、环境保护、历史文化保护等方面的事项，目的当是“避免重复立法，维护国家法制统一”。

第二个问题就是，城乡建设与管理、环境保护、历史文化保护这些事项范围有多大？这些事项在实践中都倾向于被宽泛地解释。在地方性法规制定工作中，环境保护被解释为包括自然资源的利用和管理，城乡建设和管理被解释为包括城市规划等具体事项。

自治条例和单行条例

民族自治地方的人民代表大会，可以制定自治条例和单行条例。自治区的自治条例和单行条例要报全国人大常委会批准，自治州、自治县的自治条例和单行条例要报省自治区人大常委会批准后才能够生效。

就制定的主体来讲，与刚才的地方性法规有什么区别呢？首先，主体必须是民族自治地方。其次，民族自治地方的人大常委会不能制定自治条例和单行条例，只有该地人大才可以。

什么是民族自治地方呢？从内涵上进行把握，不如从外延上进行把握。我国宪法对于民族自治地方的外延有非常清楚的规定：自治区、自治州、自治县。我国的民族自治地方就是自治区、自治州、自治县。

自治条例和单行条例可以作出变通规定，对法律和行政法规都可以变通，但不得违反法律和行政法规的基本原则。

什么叫变通呢？逻辑上，就是下位法规定了同样的行为模式，却可以得到不同于上位法的法律后果。法律和行政法规规定的行为模式本应当得到一个法律后果。所谓变通，就是自治条例和单行条例规定同样的行为模式，却可以得到不同的法律后果。这个权力显然是很大的。所以自治条例和单行条例需要先得到批准才能够生效。

那么请问，《拉萨市民族团结进步条例》和《西藏自治区施行〈中华人民共和国婚姻法〉的变通条例》，它们各自的性质是什么？《拉萨市民族团结进步条例》既不是自治条例，也不是单行条例，它应该是一个地方性法规。因为拉萨市不属于自治区或自治州或自治县，是个设区的市。而《西藏自治区施行〈中华人民共和国婚姻法〉的变通条例》则是一个单行条例，是自治区人大制定的变通规定。

说到变通，上述单行条例是如何进行变通的呢？男女原本的法定结婚年龄是什么？根据法律规定，男子是22周岁，女子是20周岁。达到婚龄的男女就可以去登记结婚。如果他们不足年龄去申请结婚登记，民政部门将不予登记。经过登记结婚的夫妻，他们所生的子女就是婚生子女。如果他们不足年龄，但骗取了登记，他们所生的子女被发现了，则仍然是非婚生子女。现在经过变通，在西藏自治区，男子达到20岁，女子达到18岁，就可以登记结婚了，他们所生的子女也都是婚生子女。同样的行为在不同地方导致不一样的法律后果，这就是“变通”的结果。

如何区别自治条例和单行条例呢？现在学者们也仍然没有通说。但多数学者认为，自治条例是一部综合性的法规，它规定民族自治地方自治机关的组织和工作，而单行条例往往只规定某一个领域或某一个方面的事项。

说自治条例是民族自治地方自治机关的组织法，有其历史根据。1954年《宪法》第67条规定：“自治区、自治州、自治县的自治机关的组织，应当根据宪法第二章第四节规定的关于地方国家机关的组织的基本原则。自治机关的形式可以依照实行区域自治的民族大多数人民的意愿规定。”历史上，许多自治区、自治州、自治县的确据此制定了自治机关“组织条例”。比如《宁夏回族自治区人民代表大会和人民委员会组织条例》《湘西土家族苗族自治州人民代表大会和人民委员会组织条例》《黑龙江省杜尔伯特蒙古族自治县人民代表大会和人民委员会组织条例》等，均说明其制定依据是1954年《宪法》的相关规定。1987年第六届全国人大常委会在对1978年底以前颁布的法律进行清理时特别说明：“在1978年底以前，全国人大常委会批准民族自治地方的人民代表大会和人民委员会组织条例48件，因新宪法、地方各级人民代表大会和地方各级人民政府组织法和民族区域自治法已经制定，各民族自治地方人民代表大会都已成立常务委员会，各自治地方都已经或正在另行制定自治条例，上述组织条例已因情况变化而不再适用。”这一表述也说明，自治条例是对原“组织条例”在功能上的替代物。

经济特区法规

经济特区所在地的省、市、人大及其常委会根据全国人大的授权，可以制定经济特区法规，在经济特区的范围内实施。经济特区根据全国人大的授权，可以在不违反法律基本原则的情况下，制定在经济特区实行的经济特区法规。这个权力也是非常大的。

经济特区法规进入我国法律体系经历了一个曲折的历史过程。设立经济特区，是以邓小平为核心的党中央在改革开放之初的重大决策。邓小平说："特区是个窗口，是技术的窗口，管理的窗口，知识的窗口，也是对外政策的窗口。"[1] 对其法律意义，1980 年《广东省经济特区条例》第 1 条规定，为发展对外经济合作和技术交流，促进社会主义现代化建设，在广东省深圳、珠海、汕头三市分别划出一定区域，设置经济特区。特区鼓励外国公民、华侨、港澳同胞及其公司、企业，投资设厂或者与我方合资设厂，兴办企业和其他事业，并依法保护其资产、应得利润和其他合法权益。

维持经济特区运行，仅靠《广东省经济特区条例》当然是不够的，大量特殊政策需要落实为法规形式。为此，1981 年第五届全国人大常委会第二十一次会议通过决议，"授权广东省、福建省人民代表大会及其常务委员会，根据有关的法律、法令、政策规定的原则，按照各该省经济特区的具体情况和实际需要，制定经济特区的各项单行经济法规，并报全国人民代表大会常务委员会和国务院备案"。在海南省建立经济特区后，全国人大同样授权海南省人大及其常委会制定经济特区法规。进入 20 世纪 90 年代，经济特区所在市也获得了立法权。全国人大常委会先后授予深圳、厦门、汕头、珠海市的人大及其常委会制定法规之权。

2000 年《立法法》确认了全国人大常委会对经济特区所在市制定经

---

〔1〕《邓小平文选》（第三卷），人民出版社 1993 年版，第 51 页。

济特区法规的授权，同时又赋予其制定地方性法规的权力，即享有所谓“较大的市”的立法权。这也产生了几个经济特区所在市“一市两法”的特殊现象，而且两法实施地域有别。2010 年 6 月起，深圳、厦门、珠海、汕头等经济特区先后扩大范围，经济特区和所在市的行政区划终于实现重合，“一市两法”问题才逐步得到缓解。

《珠海经济特区城乡规划条例》和《海南省城乡规划条例》看起来非常像，它们的性质各是什么呢？《珠海经济特区城乡规划条例》是经济特区法规，而《海南省城乡规划条例》是地方性法规。可海南不是经济特区吗？这几个经济特区有两种立法权，他们既可以制定经济特区法规，也可以制定地方性法规。那么简单的区别就是，看法规标题上面是不是有“经济特区”的字样。比较有趣的一个特例是《深圳国际仲裁院条例》。这部 2020 年由深圳市人大常委会制定的经济特区法规没有在题名中出现“经济特区”字样。

规章

国务院各部、委员会等可以制定规章。但涉及两个以上国务院部门职权范围的事项，应当提请国务院制定行政法规，或者由国务院的有关部门联合制定规章。此外，地方政府也可以制定规章。有意思的问题是，请问国务院港澳事务办公室、国家互联网信息办公室等可以制定规章吗？这就要判断它们是不是《立法法》规定有权制定规章的机关。国务院下设组成部门、直属特设机构、直属机构、办事机构、直属事业单位，此外还有国务院部委管理的国家局。

2018 年 3 月 21 日中共中央印发《深化党和国家机构改革方案》，推进职责相近的党政机关合并设立或合署办公。国务院的机构设置也相应地予以调整。

法律解释

以上是争议较小的法律渊源。下面再看一些文件。

首先是法律解释。

法律解释权属于全国人大常委会。什么时候需要解释法律呢？主要有两种情况：法律规定需要进一步明确具体含义的；法律制定以后出现新的情况，需要明确适用法律依据的。那么，第一项解决的是个什么问题呢？实质是解决法律规则所使用概念的内涵问题。第二项解决的是什么问题呢？实质是法律规则所使用概念的外延问题。遇到这样的问题，就需要进行法律解释。请注意，这里讲的法律解释指的是由合法权威所作出的那份文件，不是指法律人头脑中的思维活动。思维活动是每个人都有的，那种意义上的“法律解释”我们后面会谈到。

全国人大常委会作出的法律解释非常之少，主要有两种：一种是“一国两制”实施过程中，对特别行政区基本法的解释；另一种是对刑法的法律解释。

自香港特别行政区回归以来，全国人大常委会先后有过五次释法。第一次释法是在 1999 年由香港特别行政区政府请求国务院提请人大释法，全国人大常委会就吴嘉玲诉香港特别行政区入境处处长案以及其他有关案件，对《香港特别行政区基本法》中有关“居港权”条款进行解释，使香港特别行政区政府面临的巨大人口压力得到缓解。第二次释法是在 2004 年，全国人大常委会主动就行政长官的产生办法进行释法，通过《关于〈中华人民共和国香港特别行政区基本法〉附件一第七条和附件二第三条的解释》，明确 2007 年以后如需对香港特别行政区行政长官和立法会产生办法进行修改应遵循的法定程序。第三次释法是在 2005 年由香港特别行政区代理行政长官曾荫权请求国务院提请全国人大就《香港特别行政区基本法》第 53 条有关新的行政长官的任期作出解释。人大常委会进行表决后，全体委员一致通过补选的行政长官任期为前任余下的任期。第四次释法是在2011年首次由终审法院就外交豁免权提请全国人大释法。在刚果民主共和国和一家美国基金公司的诉讼中，因香港特别行政区依照普通法继续实行1997年的“有限度豁免权”被香港法院上诉庭裁定败诉。刚果民主共和国不服判决，要求终审法院就外交豁免权提请全国人大释法，释法请求获法院同意。2011年8月26日，第十一届全国人大常委会第二十二次会议通过决议，因香港特别行政区对外事务由中央人民政府负责，故此香港特别行政区须跟从中央人民政府，对刚果民主共和国实施“绝对外交豁免权”。第五次释法是在2016年，由全国人大常委会主动进行，并于2016年11月7日全票通过。本次释法对于立法会选举的宣誓制度做出明确规定，对不符合法律规定的宣誓，应确定为无效宣誓，并不得重新安排宣誓。宣誓人作虚假宣誓或者在宣誓之后从事违反誓言行为的，依法承担法律责任。

香港特别行政区回归祖国25年来只有五次释法，可见数量是很有限的。法律解释如果太多，会影响法律的稳定。再有，全国人大常委会本身可以修改法律，从效率的角度来说，并不需要作出法律解释文件。至于为什么只有针对特别行政区基本法和刑法的法律解释，则是因为两者的刚性都比较明显，不能轻易修改。

我们还可以看一个刑法方面的例子：

全国人民代表大会常务委员会关于《中华人民共和国刑法》第三百四十一条、第三百一十二条的解释

（2014年4月24日第十二届全国人民代表大会常务委员会第八次会议通过）

全国人民代表大会常务委员会根据司法实践中遇到的情况，讨论了刑法第三百四十一条第一款规定的非法收购国家重点保护的珍贵、濒危野生动物及其制品的含义和收购刑法第三百四

十一条第二款规定的非法狩猎的野生动物如何适用刑法有关规定的问题，解释如下：

知道或者应当知道是国家重点保护的珍贵、濒危野生动物及其制品，为食用或者其他目的而非法购买的，属于刑法第三百四十一条第一款规定的非法收购国家重点保护的珍贵、濒危野生动物及其制品的行为。

知道或者应当知道是刑法第三百四十一条第二款规定的非法狩猎的野生动物而购买的，属于刑法第三百一十二条第一款规定的明知是犯罪所得而收购的行为。

这一法律解释说明“为食用目的”而“非法购买”受保护野生动物也属于“非法收购”的范畴。这当然会强化对野生动物的保护。此后，2020 年 2 月 24 日第十三届全国人大常委会第十六次会议通过《关于全面禁止非法野生动物交易、革除滥食野生动物陋习、切实保障人民群众生命健康安全的决定》。这个决定更是直接认定滥食野生动物本身即陋习，可谓我国立法机关代表全民作出的重大宣示，也是我国立法机关基于高度的政治责任感，针对防疫工作的一个关键环节及时作出的重要举措。当然，这就是以决定的方式确立新规则，而非法律解释了。

司法解释

除了全国人大常委会之外，我国司法机关也可以发布文件来解释法律。

早在1981年，全国人大常委会就发布了《关于加强法律解释工作的决议》

> 第五届全国人民代表大会第二次会议通过几个法律以来，各地、各部门不断提出一些法律问题要求解释。同时，在实际工作中，由于对某些法律条文的理解不一致，也影响了法律的正确实施。为了健全社会主义法制，必须加强立法和法律解释工作。现对法律解释问题决定如下：
>
> 一、凡关于法律、法令条文本身需要进一步明确界限或作补充规定的，由全国人民代表大会常务委员会进行解释或用法令加以规定。
>
> 二、凡属于法院审判工作中具体应用法律、法令的问题，由最高人民法院进行解释。凡属于检察院检察工作中具体应用法律、法令的问题，由最高人民检察院进行解释。最高人民法院和最高人民检察院的解释如果有原则性的分歧，报请全国人民代表大会常务委员会解释或决定。

由此，遇到法院在审判工作中具体应用法律的问题，最高人民法院可以进行解释。最高人民法院自己也发布了关于司法解释工作的规定，明确了司法解释的形式。

对在审判工作中如何具体应用某一法律或者对某一类案件、某一类问题如何应用法律制定的司法解释，采用“解释”的形式。根据立法精神对审判工作中需要制定的规范、意见等司法解释，采用“规定”的形式。对规范人民法院审判执行活动等方面的司法解释，可以采用“规则”的形式。对高级人民法院、军事法院就审判工作中具体应用法律问题的请示制定的司法解释，采用“批复”的形式。修改或者废止司法解释，采用“决定”的形式。

不必非要依托具体案件，最高人民法院可以根据立法精神，直接对法律发布司法解释，这就是我国最高人民法院一项特别的职责。大多数国家的司法机关解释法律通常要结合具体案件。

一个有趣的问题是，最高人民法院《关于司法解释工作的规定》本身是一个司法解释吗？多数同学会认为，它是。因为它符合这个规定本身的规定。它是不是关于审判工作的呢？其实，它也是关于审判工作的。这里的“审判工作”不是指处理具体案件，而是指审判机关的工作。法官们做的事情，都可以被理解为这个规定所说的“审判工作”。

法律适用

我们在本课一开始说，对法律渊源有两种理解。一般所谓法律渊源，它应该能够被司法机关所适用。我们再来谈谈这个问题。

我国最高人民法院在《关于裁判文书引用法律、法规等规范性法律文件的规定》中，对此区分了三种情况。

> 第三条 刑事裁判文书应当引用法律、法律解释或者司法解释。刑事附带民事诉讼裁判文书引用规范性法律文件，同时适用本规定第四条规定。
>
> 第四条 民事裁判文书应当引用法律、法律解释或者司法解释。对于应当适用的行政法规、地方性法规或者自治条例和单行条例，可以直接引用。
>
> 第五条 行政裁判文书应当引用法律、法律解释、行政法规或者司法解释。对于应当适用的地方性法规、自治条例和单行条例、国务院或者国务院授权的部门公布的行政法规解释或者行政规章，可以直接引用。

刑事裁判文书应当引用法律、法律解释或者司法解释。这里的法律当然是狭义的法律。民事裁判文书应当引用法律、法律解释或者司法解释。对于应当适用的行政法规、地方性法规或者自治条例和单行条例，可以直接引用。

所以，在我国的刑事、民事、行政诉讼中，可以引用法律文书的范围是不同的，刑事审判文书中可引用的法律范围是最小的。这是为什么呢？因为刑事案件涉及人身自由，限制人身自由只能由法律作出规定。行政裁判文书应当引用法律、法律解释、行政法规或者司法解释。对于应当适用的地方性法规、自治条例和单行条例、国务院或者国务院授权的部门公布的行政法规解释或者行政规章，可以直接引用。那么，行政裁判文书可以引用的法律文件多了什么呢？主要多了规章。为什么规章可以被引用呢？因为行政诉讼要解决行政机关行为合法性的问题，而行政机关在日常工作中主要依据规章作出行为。

以上没有提到可以引用的法律文件是什么？是《宪法》。

请看这个案例。

案例〔2〕

齐玉苓诉陈晓琪等以侵犯姓名权的手段侵犯宪法保护的公民受教育的基本权利纠纷案

原告：齐玉苓（曾用名齐玉玲），女，28岁，山东鲁南铁合金总厂工人，住山东省邹城市城关镇。

被告：陈晓琪（曾用名陈恒燕），女，28岁，中国银行山东滕州支行职员，住山东滕州市龙山路中国银行滕州支行宿舍。

被告：陈克政，男，47岁，系被告陈晓琪之父，山东省滕州市鲍沟镇政府工作人员，住山东省滕州市鲍沟镇圈里村。

被告：山东省济宁商业学校。住所地：山东省济宁市南岱庄路。

法定代表人：孔宪忠，该校校长。

被告：山东省滕州市第八中学。住所地：山东省滕州市鲍沟镇。

法定代表人：朱恒富，该校校长。

被告：山东省滕州市教育委员会。住所地：山东省滕州市杏坛路165号。

法定代表人：孙卓炳，该委主任。

原告齐玉苓因与被告陈晓琪、陈克政、山东省济宁商业学校（以下简称济宁商校）、山东省滕州市第八中学（以下简称滕州八中）、山东省滕州市教育委员会（以下简称滕州教委）发生侵犯姓名权、受教

---

〔2〕参见山东省高级人民法院（1999）鲁民终字第258号民事判决书。

育权纠纷，向山东省枣庄市中级人民法院提起诉讼。

原告齐玉苓诉称：原告经统考（统一招生考试）后，按照原告填报的志愿，被告济宁商校录取原告为九〇级财会专业委培生（由特定单位委托学校培训的学生）。由于各被告共同弄虚作假，促成被告陈晓琪冒用原告的姓名进入济宁商校学习，致使原告的姓名权、受教育权以及其他相关权益被侵犯。请求判令各被告停止侵害、赔礼道歉，并给原告赔偿经济损失16万元（其中包括：1. 陈晓琪冒领的工资5万元；2. 陈晓琪单位给予的住房福利9万元；3. 原告复读一年的费用1000元；4. 原告为将农业户口转为非农业户口交纳的城市增容费6000元；5. 原告改上技校学习交纳的学费5000元；6. 陈晓琪在济宁商校就读期间应享有的助学金、奖学金2000元；7. 原告支出的律师代理费5000元、调查费1000元），赔偿精神损失40万元。

被告陈晓琪辩称：本人使用原告齐玉苓的姓名上学一事属实。齐玉苓当年的考试成绩虽然过了委培分数线，但她表示过不想上委培，因此她没有联系过委培单位，也没有交纳委培费用，不具备上委培的其他条件。本人顶替齐玉苓上学，不侵犯其受教育权。受教育权不是《中华人民共和国民法通则》规定的民事权利，齐玉苓据此主张赔偿，没有法律依据，而且其诉讼请求已明显超过了民法通则规定的二年诉讼时效。

被告济宁商校辩称：本校收到以齐玉苓名义寄来的委培单位证明后，及时对考试成绩超过委培分数线的齐玉苓发出了录取通知书，因此没有侵犯原告齐玉苓的合法权益。

被告滕州八中辩称：在齐玉苓与陈晓琪的纠纷中，本校没有任何侵权行为，不应被列为本案被告。

被告滕州教委辩称：在九〇届中专招生考试中，从报名、考试、录取到发放录取通知书的各个环节，本被告都严格执行了招生政策，在此纠纷中无任何过错，不应为他人的侵权行为承担责任。

枣庄市中级人民法院经审理查明：

原告齐玉苓与被告陈晓琪均是被告滕州八中的九〇届应届初中毕业生，当时同在滕州八中驻地滕州市鲍沟镇圈里村居住，二人相貌有明显差异。齐玉苓在九〇届统考中取得成绩441分，虽未达到当年统一招生的录取分数线，但超过了委培生的录取分数线。当年录取工作结束后，被告济宁商校发出了录取齐玉苓为该校九〇级财会专业委培生的通知书，该通知书由滕州八中转交。

被告陈晓琪在1990年中专预选考试中，因成绩不合格，失去了继续参加统考的资格。为能继续升学，陈晓琪从被告滕州八中将原告齐玉苓的录取通知书领走。陈晓琪之父、被告陈克政为此联系了滕州市鲍沟镇政府作陈晓琪的委培单位。陈晓琪持齐玉苓的录取通知书到被告济宁商校报到时，没有携带准考证；报到后，以齐玉苓的名义在济宁商校就读。陈晓琪在济宁商校就读期间的学生档案，仍然是齐玉苓初中阶段及中考期间形成的考生资料，其中包括贴有齐玉苓照片的体格检查表、学期评语表以及齐玉苓参加统考的试卷等相关材料。陈晓琪读书期间，陈克政将原为陈晓琪联系的委培单位变更为中国银行滕州支行。1993年，陈晓琪从济宁商校毕业，自带档案到委培单位中国银行滕州支行参加工作。

被告陈克政为使被告陈晓琪冒名读书一事不被识破，曾于1991年中专招生考试体检时，办理了贴有陈晓琪照片并盖有“山东省滕州市招生委员会”钢印的体格检查表，还填制了贴有陈晓琪照片，并加盖“滕州市第八中学”印章的学期评语表。1993年，陈克政利用陈晓琪毕业自带档案的机会，将原齐玉苓档案中的材料抽出，换上自己办理的上述两表。目前，在中国银行滕州支行的人事档案中，陈晓琪使用的姓名仍为“齐玉苓”，“陈晓琪”一名只在其户籍中使用。

经鉴定，被告陈克政办理的体格检查表上加盖的“山东省滕州市招生委员会”钢印，确属被告滕州教委的印章；学期评语表上加盖的“滕州市第八中学”印章，是由被告滕州八中的“腾州市第八中学财务专章”变造而成。陈克政对何人为其加盖上述两枚印章一节，拒不陈述。

另查明：1990年，被告滕州八中将当年参加中专考试学生的成绩及统招、委培分数线，都通知了考生本人。

1990年的招生办法，要求报考委培志愿的考生必须凭委培招生学校和委培单位的介绍信报名。为满足这一要求，凡报考委培志愿的考生事实上都是自己联系委培单位并自己交纳委培费用。被告陈晓琪当时交纳了5500元的委培费。原告齐玉苓既未联系过委培单位，亦未交纳过委培费用。

上述事实，有证人孟繁运、曹森、张开宇、陈道山的证言，有枣庄市教委招生办公室、滕州市鲍沟镇政府的证明，有当事人齐玉苓、陈克政、济宁商校、滕州教委、滕州八中的陈述和对陈晓琪的调查笔录，有济宁商校九〇级委培学生花名册、九三年毕业生就业工作调配表、"齐玉苓"人事档案和其他学生的体格检查表、鉴定结论两份、陈晓琪的户籍、滕州市招生委员会办公室的"滕招办字（1990）7号"文件等证据证实。

枣庄市中级人民法院认为：

《民法通则》第九十九条第一款规定："公民享有姓名权，有权决定、使用和依照规定改变自己的姓名，禁止他人干涉、盗用、假冒。"被告人陈晓琪在中考落选、升学无望的情况下，由其父、被告陈克政策划并为主实施冒用原告齐玉苓姓名上学的行为，目的在于利用齐玉苓已过委培分数线的考试成绩，为自己升学和今后就业创造条件，其结果构成了对齐玉苓姓名的盗用和假冒，是侵害姓名权的一种特殊表现形式。由于侵权行为延续至今，故陈晓琪关于齐玉苓的诉讼请求已超过诉讼时效的答辩理由，显然不能成立。

原告齐玉苓主张的受教育权，属于公民一般人格权范畴。它是公民丰富和发展自身人格的自由权利。本案证据表明，齐玉苓已实际放弃了这一权利，即放弃了上委培的机会。其主张侵犯受教育权的证据不足，不能成立。齐玉苓基于这一主张请求赔偿的各项物质损失，除律师代理费外，均与被告陈晓琪的侵权行为无因果关系，故不予支持。

《民法通则》第一百二十条第一款规定："公民的姓名权、肖像权、名誉权、荣誉权受到侵害的，有权要求停止侵害，恢复名誉，消除影响，赔礼道歉，并可以要求赔偿损失。"原告齐玉苓的姓名权被侵犯，除被告陈晓琪、陈克政应承担主要责任外，被告济宁商校明知陈晓琪冒用齐玉苓的姓名上学仍予接受，故意维护侵权行为的存续，应承担重要责任；被告滕州八中在考生报名环节疏于监督、检查，并与被告滕州教委分别在事后为陈晓琪、陈克政掩饰冒名行为提供便利条件，亦有重大过失，均应承担一定责任。

原告齐玉苓支出的律师代理费，因系被告陈晓琪实施侵权行为而导致发生的实际费用，应由陈晓琪承担赔偿责任，其他被告负连带责任。但齐玉苓主张的律师代理费数额无客观依据，不能全部支持，应按《枣庄市律师业务收费标准》确定收费数额。诉讼中对体格检查表、学期评语表中的印章进行鉴定支出的费用，应由责任人被告滕州八中、滕州教委分别负担。

原告齐玉苓的考试成绩及姓名被盗用，为其带来一定程度的精神痛苦。对此，除有关责任人应承担停止侵害、赔礼道歉的责任外，各被告均应对齐玉苓的精神损害承担给予相应物质赔偿的民事责任。各被告对判决的精神损害赔偿费用各自承担，相互之间不负连带责任。但在赔偿标准方面，齐玉苓主张的数额与我国国情和本案案情均不相符，要求过高，故不予全部采纳。对精神损害应赔偿的数额，参照本地司法机关审理的同类纠纷确定。

综上，枣庄市中级人民法院判决：

一、被告陈晓琪停止对原告齐玉苓姓名权的侵害。

二、被告陈晓琪、陈克政、济宁商校、滕州八中、滕州教委向原告齐玉苓赔礼道歉。

三、原告齐玉苓支付的律师代理费825元，由被告陈晓琪负担，于判决生效后10日内给付，被告陈克政、济宁商校、滕州八中、滕州教委对此负连带责任。

四、原告齐玉苓的精神损失费35000元，由被告陈晓琪、陈克政各负担5000元，被告济宁商校负担15000元，被告滕州八中负担6000元，被告滕州教委负担4000元，于判决生效后10日内给付。

五、鉴定费400元，由被告滕州八中、滕州教委各负担200元。

六、驳回齐玉苓的其他诉讼请求。

案件受理费按本院核定的实际争议数额19.5万元计收5410元，由原告齐玉苓负担4400元，被告陈晓琪、陈克政、济宁商校各负担300元，被告滕州八中、滕州教委各负担55元。

宣判后，齐玉苓不服一审判决，向山东省高级人民法院提起上诉。理由是：一、陈晓琪实施的侵犯姓名权行为给本人造成的精神损害是严重的，应按照山东省高级人民法院《关于审理人身损害赔偿案件若干问题的意见（试行）》第七十五条规定的赔偿标准予以赔偿。二、根据当年国家和山东省对招生工作的规定，报考委培不需要介绍信，也不需要和学校签订委培合同。滕州市招生委员会办公室的“滕招办字（1990）7号”文件中对招收委培生工作的规定，违反了国家和山东省的规定，是错误的，不能采信。本人在参加统考前填报的志愿中，已经根据枣庄市商业局在滕州市招收委培学生的计划填报了委培志愿，并表示对委培学校服从分配，因此才能进入统招兼委培生的考场参加统考，也才能够在超过委培分数线的情况下被济宁商校录取。正是由于滕州八中不向本人通知统考成绩，而且将录取通知书交给陈晓琪，才使本人无法知道事实真相，一直以为成绩不合格落榜了，因此也才不去联系委培单位，没有交纳委培费用。各被上诉人的共同侵权，剥夺了本人受中专以上教育的权利，并丧失了由此产生的一系列相关利益。原审判决否认本人的受教育权被侵犯，是错误的。请求二审法院判令：1. 陈晓琪赔偿因其侵犯本人姓名权而给本人造成的精神损失5万元；2. 各被上诉人赔偿因共同侵犯本人受教育的权利（上中专权益及相关权益），而给本人造成的经济损失16万元和精神损失35万元。

被上诉人陈晓琪答辩称：原判认定事实清楚，适用法律正确，程序合法，应当维持。

被上诉人陈克政答辩称：中专预选考试结束后，齐玉苓私下曾对陈晓琪表示过她不准备上委培学校。正是由于齐玉苓有这个意思表示，所以我提供了鲍沟镇镇政府的介绍信和委培合同，齐玉苓才能被安排在统招兼委培考场。当然，以后陈晓琪使用齐玉苓的姓名上学，齐玉苓不知情，但这并不违背齐玉苓本人的意思表示。所以，我们侵犯的只是齐玉苓的姓名权，没有侵犯齐玉苓受中专以上教育的权利，更没有因此给其造成任何精神损害。

被上诉人济宁商校答辩称：侵犯齐玉苓的姓名权，完全是由陈克政精心策划并实施的。如果有其他具体行为人明知是假，还为陈克政编造或更改档案材料，应当追究具体行为人的责任。济宁商校履行了自己应尽的审查义务，没有任何证据能证明济宁商校在陈晓琪、陈克政实施的侵犯姓名权方面有故意行为，因此济宁商校没有给齐玉苓造成任何精神损害。

被上诉人滕州八中答辩称：滕州八中当年以张榜公布的形式将齐玉苓的统考成绩及委培分数线进行了通知。齐玉苓的合法权益在1990年就已经受到陈晓琪、陈克政的侵犯，而滕州八中的财务章是1992年4月才刻制的，以加盖了变造的财务章让滕州八中承担侵权责任，于理不通。

被上诉人滕州教委答辩称：滕州教委在1990年的中专招生工作中，从考试到录取以及考生录取通知书的发放，都是严格按招生政策规定的程序进行。齐玉苓被他人冒名上学，与我委无关。

山东省高级人民法院经审理查明：

一审认定被上诉人滕州八中已将上诉人齐玉苓的统考成绩及委培分数线通知给齐玉苓本人，没有证据证实，不能成立。

被上诉人滕州教委承认是上诉人齐玉苓本人填报了委培志愿，因此被安排在统招兼委培考场参加考试。

上诉人齐玉苓在被上诉人滕州八中毕业以后，其户口是由被上诉人陈克政持齐玉苓的录取通知书迁出。

被上诉人陈晓琪至今仍使用上诉人齐玉苓的姓名在中国银行滕州支行工作，自1993年8月至2001年8月，共领取工资计52043元。

滕州市1997年城镇居民最低生活保障标准为100元，1998年1月至1999年6月为110元，1999年7月至今为143元。

上诉人齐玉苓于1990年8月至1991年5月在山东省邹城市第二十中学（现为第四中学）复读，其间支出复读费1000元。1993年6月，齐玉苓向有关部门交纳6000元城市增容费后转为非农业户口。同年8月，刘玉苓又就读于邹城市劳动技校，交纳学费等费用5000元。1996年8月，齐玉苓被分配到山东鲁南铁合金总厂工作。自1998年7月，齐玉苓曾有一年多时间下岗待业。

以上事实，由枣庄市招生委员会的证明、体格检查表、学期评语表、收款凭证、文检鉴定书、常住人口登记表、中国银行滕州支行的证明、滕州市民政部的证明以及当事人陈述等证据证实。

除此之外，山东省高级人民法院确认了一审查明的其他事实。

山东省高级人民法院认为，上诉人齐玉苓所诉被上诉人陈晓琪、陈克政、济宁商校、滕州八中、滕州教委侵犯姓名权、受教育权一案，存在适用法律方面的疑难问题，因此依照《中华人民共和国人民法院组织法》第三十三条的规定，报请最高人民法院进行解释。

最高人民法院对本案研究后认为：当事人齐玉苓主张的受教育权，源于我国宪法第四十六条第一款的规定。根据本案事实，陈晓琪等以侵犯姓名权的手段，侵犯了齐玉苓依据宪法规定所享有的受教育的基本权利，并造成了具体的损害后果，应承担相应的民事责任。据此，最高人民法院以法释〔2001〕25号司法解释批复了山东省高级人民法院的请示。

山东省高级人民法院据此讨论后认为：

上诉人齐玉苓通过初中中专预选后，填报了委培志愿，并被安排在统招兼委培考场，表明其有接受委培教育的愿望。被上诉人陈克政辩称是由于其提供了鲍沟镇镇政府的介绍信和委培合同，齐玉苓才被安排在统招兼委培考场，没有证据证实。即使此节属实，也因为陈克政实施的这一行为是违法的，不能对抗委培志愿是由齐玉苓亲自填报这一合法事实。陈克政称齐玉苓以自己的行为表示放弃接受委培教育的权利，理由不能成立。齐玉苓统考的分数超过了委培分数线，被上诉人济宁商校已将其录取并发出了录取通知书。由于被上诉人滕州八中未将统考成绩及委培分数线通知到齐玉苓本人，且又将录取通知书交给前来冒领的被上诉人陈晓琪，才使陈晓琪能够在陈克政的策划下有了冒名上学的条件。又由于济宁商校对报到新生审查不严，在既无准考证又无有效证明的情况下接收陈晓琪，才让陈晓琪冒名上学成为事实，从而使齐玉苓失去了接受委培教育的机会。陈晓琪冒名上学后，被上诉人滕州教委帮助陈克政伪造体格检查表；滕州八中帮助陈克政伪造学期评语表；济宁商校违反档案管理办法让陈晓琪自带档案，给陈克政提供了撤换档案材料的机会，致使陈晓琪不仅冒名上学，而且冒名参加工作，使侵权行为得到延续。该侵权是由陈晓琪、陈克政、滕州八中、滕州教委的故意和济宁商校的过失造成的。这种行为从形式上表现为侵犯齐玉苓的姓名权，其实质是侵犯齐玉苓依照宪法所享有的公民受教育的基本权利。各被上诉人对该侵权行为所造成的后果，应当承担民事责任。

由于各被上诉人侵犯了上诉人齐玉苓的姓名权和受教育的权利，才使齐玉苓为接受高等教育另外再进行复读，为将农业户口转为非农业户口交纳城市增容费，为诉讼支出律师费。这些费用都是其受教育的权利被侵犯而遭受的直接经济损失，应由被上诉人陈晓琪、陈克政赔偿，其他各被上诉人承担连带赔偿责任。齐玉苓后来就读于邹城市劳动技校所支付的学费，是其接受该校教育的正常支出，不是侵权造成的经济损失，不应由侵权人承担赔偿责任。

为了惩戒侵权违法行为，被上诉人陈晓琪在侵权期间的既得利益

(以上诉人齐玉苓的名义领取的工资，扣除陈晓琪的必要生活费）应判归齐玉苓所有，由陈晓琪、陈克政赔偿，其他被上诉人承担连带责任。各被上诉人侵犯齐玉苓的姓名权和受教育的权利，使其精神遭受严重的伤害，应当按照山东省高级人民法院规定的精神损害赔偿最高标准，给齐玉苓赔偿精神损害费。齐玉苓要求将陈晓琪的住房福利、在济宁商校期间享有的助学金、奖学金作为其损失予以赔偿，该请求于法无据，不予支持。

按照《人民法院诉讼收费办法》的规定，本案诉讼费应根据上诉人齐玉苓诉争的标的额进行计算。原审判决计算有误，应予纠正。

综上，原审判决认定被上诉人陈晓琪等侵害了上诉人齐玉苓的姓名权，判决其承担相应的民事责任，是正确的。但原审判决认定齐玉苓放弃接受委培教育，缺乏事实根据。齐玉苓要求各被上诉人承担侵犯其受教育权的责任，理由正当，应当支持。据此，山东省高级人民法院依照宪法第四十六条、最高人民法院（2001）法释25号批复以及《中华人民共和国民事诉讼法》第一百五十三第一款第三项的规定，于2001年8月23日判决：

一、维持一审民事判决第一项、第二项、第三项。

二、撤销一审民事判决第四项、第五项、第六项。

三、被上诉人陈晓琪、陈克政于收到本判决书之日起10日内，赔偿上诉人齐玉苓因受教育的权利被侵犯造成的直接经济损失7000元，被上诉人济宁商校、滕州八中、滕州教委承担连带赔偿责任。

四、被上诉人陈晓琪、陈克政于收到本判决书之日起10日内，赔偿上诉人齐玉苓因受教育的权利被侵犯造成的间接经济损失（按陈晓琪以齐玉苓名义领取的工资扣除最低生活保障费后计算，自1993年8月计算至陈晓琪停止使用齐玉苓姓名时止；其中1993年8月至2001年8月，共计41045元)，被上诉人济宁商校、滕州八中、滕州教委承担连带赔偿责任。

五、被上诉人陈晓琪、陈克政、济宁商校、滕州八中、滕州教委于收到本判决书之日起10日内，赔偿上诉人齐玉苓精神损害费50000元。

六、驳回上诉人齐玉苓的其他诉讼请求。

一审案件受理费10910元，由上诉人齐玉苓负担8984元，被上诉人陈晓琪、陈克政、济宁商校、滕州八中、滕州教委负担1926元；二审案件受理费10910元，由齐玉苓负担8984元，陈晓琪、陈克政、济宁商校、滕州八中、滕州教委负担1926元。

齐玉苓是个中学生，她和她的同班同学陈晓琪都参加中考。齐玉苓成绩不错，陈晓琪成绩差一些。但陈晓琪父亲和当地考试管理部门、中学，三方串通起来，把齐玉苓的录取通知书给了陈晓琪，然后由中学通知齐玉苓说没考上。在这种情况下，齐玉苓以为真的没考上，就自己去务工了。陈晓琪去上了这个学校。陈晓琪毕业后在银行里工作。有一天齐玉苓的同学到银行去办业务，看到陈晓琪座位前面有个名牌写着“齐玉苓”，就觉得很奇怪，你怎么也叫齐玉苓？于是东窗事发。

这个事要还齐玉苓公道，就涉及一个问题。似乎没有直接的法律依据来解决纠纷。因为民法上所谓的“姓名权”，主要是维护名誉用的。齐玉苓受到侵害的并不是她的个人声誉，而是失去了上学的机会。所以这种情况怎么解决呢？请示到最高人民法院之后，最高人民法院注意到《宪法》中有一条“公民有受教育的权利”。在批复的时候，也提到这一条规定。但最高人民法院没有直接说陈晓琪侵犯了齐玉苓的受教育权（最高人民法院的这条司法解释，后来在清理的过程中也被废除了）。直到今天，没有任何一条法律说，司法机关在裁判文书中应当引用《宪法》。不过的确也有研究表明，在若干判决书中还是有法官会提到《宪法》，虽然他们也都不是以《宪法》为唯一、直接依据来作出判决的。

当然，我国《宪法》在全中国范围内不是完全不能够被司法适用的。实际上，两个特别行政区的司法机关都有引用、适用《宪法》的案例。所以，并不能说《宪法》不在我国内地司法适用，它就不是我国的法律渊源。

宪法惯例

确实有个对象一般不能被司法适用，但也被认为是法律渊源，这个对象叫“宪法惯例”。宪法惯例是指一个国家政治生活中长期存在的重要政治实践。这个概念源自英国。比如，英国君主任命首相的惯例是，英国首相在通常情况下必须是能够在下议院掌握多数席位的那个人。那个人经过大选出现了，君主就会任命他当首相。可是也没有任何一条法律规定说君主必须任命这个人当首相。就这个问题如果出现争议，司法机关也不会给出裁决。真正的政治问题只能交由政治机关来解决。最近就有论辩说，“斯维尔惯例”要求英国议会在脱欧问题上必须得到各地方自治议会的事先同意。但是，英国最高法院根据文义解释判断，“斯维尔惯例”，顾名思义，是一项政治性的（宪法）惯例，而非法律，应当由政治机关而非法院实施。英国最高法院因此不认为，**在法律上**，“斯维尔惯例”要求英国议会必须征求任一地方自治议会的同意才能决定开启脱离欧盟的法律程序。

指导性案例

除了司法解释之外，最高人民法院还可以发布指导性案例。

最高人民法院《关于案例指导工作的规定》规定："最高人民法院发布的指导性案例，各级人民法院审判类似案例时应当参照。"这个规定本身也是一个司法解释。

如何来理解"应当参照"呢？曾经有一个指导性案例：王志才跟女孩赵某某是恋爱关系，但女孩要和他分手，王志才就受到很大刺激，一定要去和这个女孩复合。他到宿舍里之后和这个女孩发生激烈冲突，就把这个女孩杀害了，然后他也去自首了。但是因为他之前的行为特别恶劣，手段残忍，这个女孩的家属特别痛恨王志才。后来法院怎么判的呢？法官说，在这种情况下，判处他故意杀人罪成立，判处死刑，可以不立即执行，判处他缓刑，但是又加上一条，因为家属有意见，所以不许他以后减刑。在我国，对罪犯判处了死刑缓刑之后，两年缓刑期满，他没有犯新罪，就会转为无期徒刑。无期徒刑服刑期间，还可以继续减刑。但这个法院判决说，王志才不许减刑。缓刑结束之后，牢底坐穿。

所以，这个指导性案例创造了新的规则吗？解决了内涵的问题吗？解决了外延的问题吗？这个案子都没解决。故意杀人罪是什么是很清楚的，什么情况可以缓刑、什么情况可以减刑也是很清楚的。法官只是在法律规定的王志才的行为导致的众多法律后果之中，选择了一种法律后果，就是判处缓刑之后不许减刑。指导性案例并没有增加规则，只是给下级法院在判决的时候提供了指引。

党内法规

党的十九大报告提出，坚持“依法治国和依规治党有机统一”是新时代中国特色社会主义基本方略“坚持全面依法治国”的重要组成部分，并要求全党“增强依法执政本领，加快形成覆盖党的领导和党的建设各方面的党内法规制度体系，加强和改善对国家政权机关的领导”。

中国特色社会主义进入新时代以来，党内法规制度建设取得长足进步。中共中央发布《中国共产党党内法规制定条例》《中国共产党党内法规和规范性文件备案审查规定》。此前，中共中央已经启动党内法规和规范性文件的集中清理工作，并于 2013 年 8 月和 2014 年 11 月先后两次废止和宣布失效部分党内法规和规范性文件。与此同时，一批新的党内法规被制定或修改。根据《中央党内法规制定工作五年规划纲要（2013—2017 年）》的部署，通过党内法规工作机构等的努力，党内法规制度体系框架已经基本确立。2017 年夏，中共中央印发《关于加强党内法规制度建设的意见》。该意见明确提出“到建党 100 周年时，形成比较完善的党内法规制度体系、高效的党内法规制度实施体系、有力的党内法规制度建设保障体系……”

需要明确的是，党内法规目前也不能司法适用。最高人民法院就此问题曾经作出裁定（见下一段的引文）。此外，按照《立法法》的规定，党的规定也不是我国的法律渊源，所以中国特色社会主义法律体系中是没有党内法规的。正确的认识是，党内法规是“中国特色社会主义法治体系”的组成部分。

案例

王守富、江苏省宿迁市宿城区教育局教育行政管理（教育）再审审查与审判监督行政裁定书

中华人民共和国最高人民法院行政裁定书

（2019）最高法行申13000号

再审申请人（一审原告、二审上诉人）：王守富。

被申请人（一审被告、二审被上诉人）：江苏省宿迁市宿城区教育局。

法定代表人：卓成金，该局局长。

再审申请人王守富诉被申请人江苏省宿迁市宿城区教育局（以下简称宿城区教育局）处理决定一案，江苏省宿迁市中级人民法院于2017年3月8日作出（2017）苏13行初3号行政裁定：驳回王守富的起诉。王守富不服提起上诉后，江苏省高级人民法院于2017年8月15日作出（2017）苏行终908号行政裁定：驳回上诉，维持原裁定。王守富仍不服，向本院申请再审。本院依法组成合议庭对本案进行了审查，现已审查终结。

王守富请求本院撤销一审、二审行政裁定，对本案依法予以再审。其申请再审的主要事实和理由为：中共宿迁市宿城区教育局纪委作出的宿区教纪（2014）17号《关于对王守富违纪问题的处理决定》（以下简称17号处理决定）缺乏事实和法律依据，在程序上亦违法，教育局纪委无权对再审申请人作出本案被诉处理决定。原审法院没有审查17号处理决定的本质和实际行政主体，作出的驳回起诉裁定缺乏法律依据。

本院认为：根据《中华人民共和国行政诉讼法》第四十九条第四项之规定，公民、法人和其他组织提起行政诉讼应当属于行政诉讼受案范围。本案中，再审申请人王守富起诉的17号处理决定系由宿城区教育局纪委作出，在性质上属于党的机构依照党内法规对管理对象作出的内部处理行为而非行政行为，依法不属于行政诉讼受案范围。且

即便是行政机关依照行政法律、法规对行政相对人作出的人事处理行为，依法亦非行政诉讼受案范围。原审法院据此裁定驳回再审申请人的起诉，于法有据，并无不当。再审申请人申请再审的事实和理由难以成立，本院不予支持。

综上，王守富的再审申请不符合《中华人民共和国行政诉讼法》第九十一条规定的情形。依照最高人民法院《关于适用〈中华人民共和国行政诉讼法〉的解释》第一百一十六条第二款之规定，裁定如下：

驳回再审申请人王守富的再审申请。

阅读指引

《中华人民共和国立法法释义》，法律出版社 2015 年版。

该书由全国人民代表大会常务委员会法制工作委员会国家法室编辑，对《立法法》进行了逐条释义，值得参考。

第四课　法律推理和法律解释

本课的重点是介绍法律推理的形式和法律解释的方法。

法律推理是为法律分析和判断提供理由的过程，通常应当具有三段论的形式。但在法律实践中，法律推理往往会遇到所谓的“横向”分类问题和“纵向”标准问题。分类问题是由概念的内涵和外延不清晰所导致的，标准问题是由需要适用的规定包含了价值因素所导致的。需要适用的规定如果在表述中出现了价值，可以被称为法律原则。在法律适用的过程中，遇到法律原则可以采用如下做法：第一，当规则与原则直接冲突的时候，适用原则。第二，如果没有发现规则与原则的直接冲突，适用规则。

大陆法系的法律解释主要有四种方法。文义解释，即根据字面意思，文本表面的含义来进行解释。体系解释，即综合考虑整个法律体系的规定，来判断概念或规则的意涵。目的解释，即根据立法目的进行解释。历史解释，即根据制定规则过程中所产生的材料来判断概念或规则的意涵。

普通法的解释方法主要有三种：第一，文义解释，即根据字面含义来进行解释。第二，黄金规则，当根据文本的通常含义解释不能够解决问题时，可以取文本不通常的含义进行解释。第三，如果“黄金规则”还不能解决问题时，可使用“除弊规则”，即考虑这条制定法在制定时，普通法存在什么样的漏洞，对制定法进行解释。

思维活动的常见形式

人类理性的思维活动有各种形式，但其中一种形式最为常见。

凡人皆有死。
苏格拉底是人。
苏格拉底必会死。

我们把这种思维活动的形式叫什么呢？三段论。
这样的形式，在法律适用（的思维）活动中也会有。

杀人者判死刑。
苏格拉底杀了人。
判处苏格拉底死刑。

我们把三段论中的“凡人皆有死”，称为三段论中的大前提。“苏拉底是人”是小前提，而“苏拉底必死”是结论。“杀人者判死刑”当然也是大前提。它具体指的是法律实践中的什么呢？其实非常简单。显而易见，“杀人者判死刑”是一条规则。“苏格拉底杀了人”，在法律实践中是什么？它指涉了一个社会事实，对应着法律规定的行为模式。然后，“判处苏格拉底死刑”则包含了行为的法律后果。这就是法律推理的经典结构——如果有这样的行为模式，就得到这样的法律后果；出现了这样的行为模式，所以有这样的法律后果。

我们把在这样的思维活动中，为分析和判断提供理由的过程，称为法律推理（legal reasoning）。什么意思呢？如果我是苏格拉底的辩护律师，那么在大前提的部分，即“杀人者判死刑”的部分，我会怎么阐述，以使苏格拉底能够免罪呢？很简单，显然是要说明没有这条规则存在。

如果是小前提的部分呢？那当然要证明苏格拉底没有杀人，举出证据。那么结论的部分呢？则要论证不应该得到死刑这个法律后果。可如果我是检察官，我会怎么讲？绝对有这条规则，苏格拉底确实杀了人，就应该追究他死刑。所以，我们站在控辩双方的立场上会分别提出不同的理由。

我们谈理由，要把它区别于借口、意见、原因。

借口是没有得到（规则或事实）支持的说法。比如，上早课，起来真是不容易。有同学要去参加学校组织的公益活动有特殊任务，持有官方的假条，这个就是有实定法和证据支持的理由。如果有同学只是作为“饭圈”成员去看演出，早上想偷懒，这个行为就没有实定法和证据来支持，也就成了借口。

理由往往可以普遍化，而意见的个人主观色彩鲜明。我们把不可普遍化的说法认为是个人的意见。如果每个人都觉得昨晚的演出必须要看，为此今早起不来也行，那它就真成了一条翘课理由!？可惜并非如此。

至于原因，指的是因果关系中揭露出来的事件发生的必然的先后顺序。原因锚定的是一个事实，而理由谈论的仍然是是非对错。提出上或者不上早课的理由，目的是说服任课老师或者更高的权威。而来上课的原因是什么呢？主要是这门课有足够的课容量，这间教室有足够的座位。

三段论遇到的挑战

法律推理是提供理由的过程，应当具有三段论的形式。这看似很简单，可如果真的很简单，岂不是每个人都可以轻松成为法律人了。事实上并非如此。

我们来看个案例。

案例

离婚后的张先生在和前妻刘女士的争吵中发现，原来当年和妻子采用试管婴儿方式生下的女儿，居然是前妻和前妻前男友的孩子。张先生提起诉讼，要求前妻返还财产。据张先生说，他和刘女士原来是夫妻关系，1997 年登记结婚了，张先生没有生育能力，所以没有子女。他们都同意在 2008 年通过试管婴儿的方式生孩子。后来，他们生下了一个女儿。但张先生最近才发现，这不是他自己的孩子，而是前妻和其前男友（现任丈夫）生的孩子。所以，张先生就带着女儿做鉴定。原来，刘女士去做试管婴儿，没有成功。她就找到了前男友，但仍然是用试管婴儿的办法生下孩子。我国婚姻法对于夫妻双方规定有忠实义务。如果一方违反忠实义务，在离婚的时候，就要承担不利的后果。他们离婚的时候，张先生还不知道这件事。现在张先生发现了，当然会有意见。那么，在这样的一个案例中，你是支持张先生还是支持刘女士？

有的同学会说，支持张先生。对于欺骗这样的事情，在法律上肯定要负面评价，承担不利后果。但是刘女士会说：第一，欺骗当然不对，但她也就是隐瞒，还不是欺骗。再说，两性关系之中，欺骗也罢，隐瞒也罢，多多少少都会有，关键看是否违法。第二，从血缘上说，这当然不是张先生的孩子，但问题是，张先生也同意用试管婴儿的方法来生这个孩子，他注定要得到一个并非和他有血缘关系却有法律关系的孩子。第三，孩子是用试管婴儿的方式孕育的，她也不算违反了婚姻法所谓的忠实义务。有人说，找了前男友，肯定是刘女士旧情不忘。但感情这种事是很难控制的，大学生说不定也会去看一下“前任”的微信朋友圈。

这个案例告诉我们一个什么道理？很明显，要解决这个问题，关键在于解释法律上的“忠实义务”到底是什么意思？是不是需要有实际发生的性行为？还是严重的欺骗或者隐瞒，就算违反了忠实义务。

根本上讲，这是一个归类的问题，是一个行为到底能不能装入由法条中概念的外延所组成的“筐子”的问题。如果便于记忆的话，这可以类比为一个“西红柿到底是不是水果”的问题。这个问题不是依靠三段论推理就能解决的。但这是我们在法律推理中经常会遇到的。这是第一个横向的分类的问题。

再看一个案例。

案例

《清华大学学生违纪处分管理规定实施细则》第41条规定，受到留校察看处分的，在察看期内，根据该生的不同表现，分别处理如下：有立功或者突出优秀表现的，本人申请，院务会同意，学校也同意，校务会批准，就可以提前解除留校察看；表现较好，没有新的违纪行为，察看期满，可以解除处分；察看期间有新的违纪行为，不够给新的处分的，延长察看期；有新的行为要给新的处分的，那就合并给处分。

有一个真实的例子。某同学受到留校察看处分，在察看期他也没做新的不好的事，没有新的违纪行为，但他吊儿郎当地不好好学习。当然，他也没有旷课等行为。现在察看期满，能不能给他解除处分？

这就更加复杂了。有同学会说，这个同学既然没有新的违纪行为，留校察看期满，没有新的法律后果可以给出，既然要有个结果，那就应当顺理成章地解除处分。可实际上，院校两级权威认为他表现实在不好，所以仍给他延长了察看期，又经过一段时间才解除处分。

这个问题的实质又是什么呢？刚才的案例实质涉及什么是“忠实义务”的问题。这里关键就在于什么是“好”。但“好”并不涉及概念外延的问题。不存在一个集合是“好”，另一个集合是“不好”。我们关心的是“够不够好”。

为什么“好”会成为一个问题呢？因为“好”也具有高度的不确定性。为什么这个词具有高度的不确定性呢？因为它表述人的偏“好”。这是对三段论提出的新挑战。这个挑战就在于，规则中，除了一般的行为模式和法律后果，还包括了一个对人的偏好的规定。如果便于记忆的话，这可以类比为一个“选甜豆浆还是咸豆浆”的问题。关于这个问题一定打得不可开交。

这时候怎么办？有个办法，简单来说，就是要把人的偏好转换成大家都能够接受的标准。这个过程是这样的。人的偏好，我们称为价值。这是在人文社会科学中普遍的用法。如果表述中出现了价值，我们称它为一条法律原则。什么是原则？就是含有价值的表述。

我们怎么样把价值变得更确定一些？这时就要把价值变成标准。什么叫作标准？清华大学的特等奖学金要选特别“好”的同学，我可能要说具体需要成绩全A加铁人三项（虽然这样规定其实不“好”）。这就把它变成一些可以度量的东西，这些可度量的东西，我们称为标准。

规则和原则

但是，我们仍然不能够彻底解决问题。

再看一个真实的例子。

实例

在某年奥运会的女子羽毛球比赛中，中国队的头号女双选手以0:2爆冷不敌K国组合。为什么会这样？她们要是赢了的话，就会在下一场比赛中遇到中国队的另外两名选手。中国队的这两名头号选手当然不愿意这样，因为她们想到决赛遇到中国队的选手才好，这样中国队就能同时得到金牌、银牌。如果提前遇到了，不就失去了一个得银牌的机会吗？而巧合的是，K国这两个选手也不愿意遇到那两个中国选手。结果，在奥运赛场上，这种世界最高水平的比赛中，这四名选手使尽浑身解数，想输掉比赛。她们在整个比赛过程中，要不就是发球不过网，要不就是故意不接球。整个观众席当时嘘声一片。

在世界羽毛球联合会的规则手册中，有一条非常靠前，就是运动员必须积极比赛。但是，这四名选手的行为应当怎么来认定？她们的最终动机还是想努力争先，但在这场比赛中却显然没有这样做。奥运会既鼓励大家争金夺银，也要求运动员尊重对手和观众。这里有两种价值的冲突，或者说两个原则的冲突。

这个案例告诉我们一个什么道理呢？当面对这种含有价值因素的原则并真正适用它的时候，虽然我们尽可能地已经把它变成标准，但仍然有一个问题：原则与原则之间，价值与价值之间仍然可能发生冲突。积极比赛，这是奥运的一个价值。但是争金夺银，为国家争取荣誉，也是奥运的一个价值。这两个价值冲突，就比较难判断。

就这个案例本身来讲，大家虽然可以见仁见智。但考虑到这毕竟是奥运比赛，所以在这两个价值冲突的时候，我们终究是要把奥运本身的价值摆到更高的位置。所以在这种情况下，尊重比赛，尊重对手，是更加可取的。再说，没有积极比赛，遭到观众的鄙视，也不能为国家赢得什么荣誉。

当规则与原则直接冲突的时候，我们用什么？用原则。因为原则体现了我们所认同的更高的价值。所以规则与原则直接冲突的时候，我们要适用原则。但是，如果没有发现规则与原则的直接冲突，我们就要适用规则。因为规则清楚，没有争议。而当原则与原则相冲突的时候，比如刚才这种情况，两个价值相冲突，我们可能要按“比例”来考虑。什么叫按比例来考虑？就是在考虑的时候划分不同的权重：一个占70%，另一个占30%。或者一个占40%，另一个占60%。这样考虑，是我们解决这类问题的一个办法。

法律解释

这里讲的法律解释，是思维活动意义上的法律解释，不是上一课所讲的文件意义上的法律解释。

我们需要掌握的，主要是大陆法系的四种法律解释方法。而普通法法系另有三种主要的法律解释方法。大陆法系的四种主要方法和普通法法系的三种方法之间，没有一一对应的关系。

我们最常用的法律解释方法是文义解释。文义解释，顾名思义就是根据字面意思、文本表面的含义来进行解释。我们通常做的法律解释都是这样的工作。在法律适用的过程中，绝大多数的案件其实都可以通过文义解释来解决。你上了法学院，学完了全套的核心课程，头脑中有了法学知识体系的“地图”，遇到问题就可以按图索骥去找法学家关于法条和法理的解说。

文义解释也有一些问题。著名法学家哈特（H. L. A. Hart）讲过，任何一个词都有核心的意涵，以及边缘的模糊的意涵。每个词在自然语言中都是这样。它一定会造成一些问题。比如，清华大学在教学办公区竖立了一个牌子，写着“禁止携犬进入”，可是英文写的却是“No Pets Allowed”。这时就有问题了。禁止携犬进入，我带只猫，能不能进？我抱这只猫不能进教室，那么生物系试验用的小白鼠，能不能带到教室来？有同学下节课要去生物系系馆做实验，他能不能带小白鼠到前一节的教室？如果他已经饲养了这个小白鼠一段时间，有类似对宠物的感情了，又会怎么样？再有，如果说“犬”是问题的话，我能不能带一个玩具狗进来，而且我的玩具狗可以和牌子上画的长得一模一样！

那么，清华的规定到底是什么意思？这时候当然要解释。这时候的“犬”，恐怕就不能强调它的基因、形象特征，而是以它可能给教学秩序和师生健康带来的危险来认定（但我们引入这些考虑时，就已经不完全是根据字面含义来进行解释了）。

在讲文义解释时，教师常举的例子就是公园禁止机动车进入。过去没有，现在特别多的现象就是，经常有两三岁的小朋友，开着一个儿童汽车玩。能不能把这辆车开到公园里来呢？这当然也要取决于如何理解“机动车”的内涵。如果对机动车内涵的理解是烧汽油，那儿童车和特斯拉都不符合。这时候，恐怕还要看道路交通法规对机动车是如何规定的（这也已经不完全是根据字面含义来解释了）。

根据我们所取的词的核心含义的范围，即取得范围比较大还是比较小，相应地，我们会有所谓扩大的解释和缩小的解释。

体系解释

当文义解释解决不了问题的时候，我们还会进行体系解释。体系解释是综合考虑整个法律体系的规定，来判断这个概念或者这条规则的意涵。

我们讲法律体系时强调，法律体系最关键的特征是具有一致性，所以解释法律的时候也一定要保证在整个法律体系中的解释是一致的。

案例

李某与广州易初莲花连锁超市有限公司产生产品责任纠纷。李某知假买假。他知道这个东西有产品问题，就故意多买，认为会被多赔。可是法院却认为，食品安全法规定的10倍赔偿，是以损害后果发生为前提条件的，但是这个人买的这个东西没有对他本人造成任何的人身或者财产损害，他知假买假又不会吃，所以这个假货没有造成真正的损害，就不必赔10倍了。

为什么这样认为呢？法院说，案例发生时适用的2009年《食品安全法》第96条第1款规定的是补偿性的赔偿责任，第2款规定的是惩罚性的赔偿责任。第1款和第2款是补充关系，不是相互独立的。第1款规定了要以损害结果发生为条件，第2款也应当如此。如果不是这样的话，立法的时候就应该写成两条，不应该写成一条的两款。所以法院说，既然没有损害，那就也不必进行10倍的赔偿了。这里结合的是整个法律体系，即根据其他条款的规定来理解某一具体条款。

下一个实例就更简单。

实例

《清华大学学生违纪处分管理规定实施细则》规定了容留异性过夜的，给予警告处分。要是有别人在场，则更严重。那么，什么是容留异性过夜？什么是在异性宿舍内滞留过夜？这就要再去参考《清华大学学生公寓住宿管理办法》的规定。大家要注意，上述实施细则是学生部制定的，而上述管理办法是物业管理部门制定的。用于体系解释的条款并不需要是同一合法权威颁布的，只要它们居于同一规则体系之中即可。

目的解释

目的解释，顾名思义是根据立法的目的进行解释。《清华大学学生违纪处分管理规定实施细则》规定，有喧哗或者使用音响器材声量过大等扰乱管理秩序的行为，不听劝阻的，要给予警告以上处分。

假设有这样一个学生社团，比如“合唱社”，在C楼有合法的排练场所，经过校团委批准，还有固定的排练时间。可是，只要排练，必然要发出很大的人声。而排练场所周围有教室，是同学们自习使用的。一天，隔壁教室有一个同学，他觉得受到排练很大的干扰，就拿了一个分贝测试器，测得音量确实超过分贝限制。他就去和社团同学说，你们立刻停止排练。那么，这种排练是不是喧哗呢？

按照文义解释，解决不了这个问题。因为喧哗的字面含义很清楚。什么叫喧哗？不使用器械，人本身发出很大的声音，这就叫喧哗。歌唱一定是人本身发出很大的声音，声音非常优美，但的确也很大。

这时候判断社团的排练是不是“喧哗”，恐怕主要要看这一条的立法目的是什么。这条结合后面的条文来理解的话，立法目的显然是制止对于管理秩序的破坏。那么从这个意义上来讲，社团的排练是经过校团委允许的，场地也是合法获得的，应当不是扰乱管理秩序的行为。

历史解释

历史解释是根据制定规则的过程中间产生的材料来判断概念和规则的含义。

宪法学家韩大元教授对于《香港特别行政区基本法》第18条的形成过程有一个非常清楚的介绍。

> 1987年4月13日，基本法起草委员会举行第四次全体会议，专题小组提出了“基本法草稿（第二稿）”。第二章“中央与香港特别行政区的关系”第5条，专题小组并未拟定明确的条文，而是列出了两个不同的方案，分别为：
>
> 方案一：全国人民代表大会和全国人民代表大会常务委员会制定的法律，凡须在香港特别行政区适用的，均以明文规定。在香港特别行政区成立前制定的上述法律，凡须在香港特别行政区适用的，由全国人民代表大会常务委员会以决议予以公布。在香港特别行政区适用的上述法律，如有不适合香港特别行政区实际情况的，香港特别行政区行政长官可以报经全国人民代表大会常务委员会批准，变通执行或停止执行。香港特别行政区的立法机关和行政机关还可根据香港特别行政区的实际情况，为上述法律的实施制定辅助立法或实施细则。
>
> 方案二：全国人民代表大会和全国人民代表大会常务委员会制定的法律，凡须在香港特别行政区适用者，统由国务院向香港特别行政区行政长官发出指令，按法定程序公布或立法实施。上述适用于香港特别行政区的法律，如有不适合香港特别行政区实际情况的，香港特别行政区行政长官可以报经全国人民代表大会常务委员会或国务院批准，变通执行或停止执行。若香港特别行政区行政长官未能按指令行事，全国人民代表大

> 会可颁令将上述法律适用于香港特别行政区。
>
> 《基本法（草案）稿》对第18条作了如下规定："在香港特别行政区实行的法律为本法以及本法第八条规定的香港原有法律和香港特别行政区立法机关制定的法律。全国性法律除列于本法附件三者外，不在香港特别行政区实施。凡列于本法附件三之法律，由香港特别行政区在当地公布或立法实施。全国人民代表大会常务委员会在征询其所属的香港特别行政区基本法委员会和香港特别行政区政府的意见后，可对列于本法附件三的法律作出增减，任何列入附件三的法律，限于有关国防、外交和其他按本法规定不属于香港特别行政区自治范围的法律。"
>
> 1990年2月13日，基本法起草委员会举行了第九次全体会议。经过第二轮数月的咨询，自1989年12月中旬开始，起草委员会各专题小组相继举行会议，在认真研究各种意见的基础上，对《基本法（草案）稿》的有关章节和附件、附录等提出了进一步修改意见。其中，对第18条作了如下修改：将第18条第4款中"香港特别行政区不能控制的动乱"改为"香港特别行政区政府不能控制的危及国家统一或安全的动乱"。[1]

这个变化显然也把这一条的立法目的讲得非常清楚了。所以，目的解释与历史解释有时候很像。怎么进行区别呢？历史解释是向后看的，是不断地回溯，以追求法律的原意；目的解释是向前看的，是看到这条法律制定的时候，希望对社会产生什么样的改变。

此外，有的法律本身就说明了它的立法目的。为了实现这样的立法目的，究竟应当如何适用和作出解释，在不同的时间和不同的语境中很可能不同。同样的立法目的，在不同的社会历史条件下，实现目的的具体做法可能不一样。而历史解释所发现的立法者的原意，理论上讲应当是静态的。

---

〔1〕 韩大元：《〈香港特别行政区基本法〉第18条的形成过程及其规范含义》，载《法学评论》2020年第1期。

坐标系

我们把综合运用各种法律解释方法所得到的具体结果，放置于一个坐标系中，可以进行定位。

可以把极端贴近文本字面含义的解释结果，称为实证主义倾向的解释。而在解释的过程中容纳了价值因素的解释结果，称为规范主义倾向的解释。我们讲规范即“是非对错”，所以如果解释结果包括的价值因素多，我们就把它称为具有规范主义的倾向。也许可以说，“规范主义宪法学”就是在尊重文本的前提下，在宪法解释中容纳了对宪法固有价值的考量。解释结果倾向于尊重立法者原意的，称为原旨主义。偏离立法者原意，而主要考虑适应社会当前需要，充分发挥司法机关作用的，称为司法能动主义。

任何法律解释结果都可以放在坐标系中进行评价。美国联邦最高法院之前对于美国《平价医保法》的判决，就非常有意思。美国《平价医保法》里面有一条规定，说如果你没有买医保的话，国家可以强制你买医保。怎么强制买医保？就靠罚款，直到你买医保为止。那么，可不可以制定这样的法律？美国最高法院特别有意思，解释说不买医保就罚款，这种做法与征税具有很大的相似性。因为都是人人要做的，也都是国家强制要求的，都体现为经济利益的变化。如果这样来理解的话，那么法律中原来规定的“不买医保就罚款”的“罚款”，其实是一种特殊的税。根据美国宪法，国会是有征税的权利的。所以如果国会制定这样的法律，是符合宪法的。

在实证主义和规范主义这条轴上，这种解释应该靠哪边？它显然非常偏离文本的含义。而当立法者在说征税的时候，他脑子里想的不可能包括“不买医保就罚款”吧，这太奇怪了。所以这种解释显然是偏离原旨的。

这也涉及普通法的解释方法。

普通法的解释方法主要有三种：第一，文义解释。根据字面含义来进行解释。第二，黄金规则。当根据文本的通常含义解释，不能够解决问题的时候，可以取文本不通常的含义。一个词有它的通常含义，也有不太常见的含义。如果取常见的含义进行法律适用将得到十分不妥的结果，我们也可以取它不常见的含义。第三，除弊规则。如果“黄金规则”还不能解决问题，那就用除弊规则。就是要考虑这条制定法在制定的时候，当时的普通法存在什么样的漏洞，这条制定法要解决普通法的什么问题。这种解释方法与大陆法系很不一样，完全是普通法所特有的。因为普通法被认为是自古就存在。逻辑上，普通法有了问题，才会制定新的法律，没有问题就直接用普通法。

来看一下美国最高法院的判决，请问这里是用这三种解释方法中的哪种解决问题的？美国最高法院实际上是说，罚款是一种税。也就是说，“税”这个词有一个非常边缘的意思，是“不买保险后的罚款”。虽然非常奇怪，但这里仍然是用黄金规则进行解释的。而在大陆法系的法学家看来，这已经不是解释方法中的任何一种了，它实际上已经构成类推。

类推

如果一个概念 a 有一些内涵：甲、乙、丙。另一个概念 b 也有一些内涵：乙、丙、丁。这两个概念有一些相同的内涵，但也有一些不同的内涵。我们就说这两个概念之间具有家族相似性。什么叫类推呢？就是用一个具有家族相似性的概念，去替换规则原本用的概念得出法律后果。本来用概念 b 是不能够得到这个法律后果的，因为概念 b 和概念 a 之间只有部分的相似，不是包含关系。这个时候用概念 b 替代概念 a 来适用那条规则，就叫类推。

类推实际上已经远远超出本来的文义了。所以，如果站在大陆法系的角度来看，把不买保险就罚款说成征税，显然是一种类推。没人会认为税包括了这种意思。

阅读指引

王利明：《法律解释学导论：以民法为视角》（第2版），法律出版社2017年版。

该书是法学家王利明教授撰写的经典著作，结合民法规则和案例，介绍了主要的法律解释方法的适用，不但便于同学们学习如何解释法律，也可以使大家借以了解民法的相关知识，强烈推荐。

陈弘毅：《法理学的世界》，中国政法大学出版社2003年版。

该书是法学家陈弘毅教授的论文集。其中《〈香港特别行政区基本法〉的理念、实施与解释》一文对于同学们了解普通法环境中法官对制定法的解释十分有益，值得参考。

第五课 法律效力和法律实施

本课的重点是说明法律效力的概念，并区别效力和实效。法律效力所针对的问题是合法与非法，而实效则指法律实施的社会效果。有效的法律未必有实效，产生实际影响的规则本身未必合法有效。

本课需要掌握的概念包括：时间效力、追诉时效、无效和可撤销、空间效力、属地主义、属人主义、保护主义等。时间效力指的是法律效力的起始和终止的期限。与时间效力有一定联系的概念，称溯及力。溯及力指的是新的法律可以适用于新法生效之前的行为。法律一般不溯及既往。空间效力讨论的是法律效力的地域范围问题。法律效力是否及于特定的人，则需要判断该法持属地主义、属人主义还是保护主义的态度。需要注意的是，属地主义仍然是根据人所在的地方来判断这个人是否受到法律的管辖，仍然是确定对象效力而非空间效力的原则。

规则的效力通常可以根据法律的位阶来判断。同一机关制定的规则，可以根据新法优于旧法的原则来判断法律效力。同一机关制定的新的一般规定与旧的特别规定不一致时，由制定机关裁决。

我国法律的效力由有权机关依法判断。人民法院发布关于司法解释工作的规定以及人民法院制作裁判文书确需引用的这些规范性法律文件之间存在冲突，根据立法法又无法选择适用的，应当提起有权决定的机关裁决，不得自行在裁判文书中认定相关规范性法律文件的效力。

行为和规则存在的条件

这个故事我们之前已经看过了。一个行政班制定了班级公约，然后安排班长来纠察，看哪个同学违反了这个公约的要求，如果发现了，就罚款或者没收电脑。

现在我们可以详细分析一下，这里面有几个事件。至少有两个，对吧？一个是订立班级公约，另一个是执行班级公约。之前我们谈到这里就可以了，但现在我们要对这两个事件作出细分。

第一步是什么？我们叫动议。第二步可能是附议，如果比较严格的话。有人提出说我要讨论一下，别人也同意讨论一下，然后才讨论一下。第三步自然是讨论。第四步才是投票决定。一般立法要经过三读的过程，制定班级公约可能没那么复杂。最后，通过了还要公布。

班长的行为，又经过了什么过程呢？第一步，假设你是班长，拿到了班级公约，你要怎么办？肯定要先学习理解。下一步要干吗呢？应该是接受了公约的授权。有了授权之后，下一步干吗呢？我们简化一点，那就是看看到底有没有同学偷偷使用电脑。这个可以称为“侦查”或者“调查”。结果你发现有个同学确实偷偷使用电脑，那么你对他可以警告，也可以宣布没收，如果同学抗拒，你还可以直接拿走。大概就是这么个过程。

订立班级公约与执行班级公约，我们之前讨论的时候，都觉得各有一些令人不舒服的地方。现在我们把这两件事拆开，就可以研究一下究竟是哪一步让人不太舒服。

动议环节有没有问题？没有问题。我可以提出制订一个这样的班级公约。当然，也有同学会问，我可以提出制订任何内容的班级公约吗？有的时候行，有的时候不行。那么，讨论这步有什么问题吗？可不可以讨论？可以进行任何方式的讨论吗？怎么讨论都行吗？通常应该可以的，特别是法律还保护在人民代表大会议事过程中的发言，这是形成政治决议的必要环节。当然，我们也要求在讨论的时候要遵循议事的基本礼仪。大家看西敏寺议会的制度，执政党和反对党各站一边，中间隔了一段距离，这个距离保证两个人伸出剑互相够不着。下一步是投票。投票有什么问题没有？不能不让我们投票，是吧？当然，投票可能也要求“秘密进行”才好。然后就是公布。什么都要公布吗？比如，分配助学金的决定，获奖人的资料要不要公布？不一定，因为公布的话会与他的隐私冲突。

以上这些步骤看似都没有什么问题，那么这个班级公约是不是就没问题呢？我们说它有问题。因为它规定了一个不能由它规定的行政处罚。所以问题出在哪了呢？出在整个过程之前，对吧？这个行政班根本就没有权力来制定这样的班级公约。

我们再来看班长的执行。班长接受这个班级公约的授权，这一步有什么问题没有？他是到处巡视也好，还是跟着某个同学也好，以及后面的强制没收也好，这些又有什么问题没有？可能每一步都有些问题。

我们发现，无论是一个规则的成立，还是一个具体行为的实施，都要满足一系列的条件。这些条件至少包括以下内容：

第一有目的。制定规则或者做这个行为，至少最先有一个目的，就是希望通过规则和行为造成什么样的社会后果。与目的相联系的，还有一个词是“动机”。动机是促使提出这个规则，或者想要做这个行为的东西。动机和目的的区别在于，目的是指向未来的，而动机是行为之前推动产生规则和行为的。

我们举个具体的例子。我们之前在第三课“指导性案例”一节中讲过一个指导性案例，王志才杀害了女友赵某某。他杀害赵某某这个行为的目的是什么？目的就是致她死亡。行为的结果是女孩失去了生命。但这个杀害女孩的行为的动机是什么呢？那就复杂了，动机可能有很多，大概主要是因爱生恨。一个是动机，另一个是目的。

第二有程序。程序是事件发生的先后次序、先后步骤。所以制定班级公约，就需要有动议、讨论、投票、公布等环节连贯而成的整个程序。班长的执行大概也需要有取得授权、侦查、警告、强制等整个程序。事件发生的先后次序重要不重要？还是比较重要的。在法律上，什么时候允许律师会见当事人？是一开始逮捕的时候就允许他会见，还是出庭以前才能会见？甚至是出庭以后才能会见？差别当然就会很大。

第三有手段，手段是这个行为实施的方式，这当然也很重要。比如，班长到底是对同学好言相劝，还是暴力抢过电脑，对于当事人来讲肯定是不一样的。

动机、目的、程序、手段等，每一个条件都是很重要的。那什么是有效呢？有效首先指的是行为的发生符合法定的条件。而当我们说规则的时候，是指规则要满足法律规定的要求。归根结底，有效无效，解决的是**是否合法**的问题。

时间效力

时间效力指的是法律效力的起始和终止的期限。

比如，原《民法总则》第206条规定，本法自2017年10月1日起施行。这个《民法总则》是2017年7月左右通过的，可是规定要到当年10月1日才施行。那是为什么？如果看班级公约的事例就会明白，需要给社会接受和理解的一段时间。因为《民法总则》对于整个社会的影响太大了。如果有些变化，它的有些规定与过去的《民法通则》不同，社会需要一个接受的过程。

与时间效力有一定联系的概念，称溯及力。溯及力指的是新的法律可以适用于新法生效之前的行为。大家看《刑法》第12条，中华人民共和国成立以后本法施行以前的行为，如果当时的法律不认为是犯罪的，适用当时的法律。读到这里，发生了溯及力的问题吗？没有。下面，如果当时的法律认为是犯罪的，按照本法的规定应当追诉的，按照当时的法律追究刑事责任。到这里，有溯及力的问题吗？没有。但是如果本法不认为是犯罪的，适用本法。这里有溯及力的问题吗？这里显然有了。当时的法律也许认为是犯罪，但是本法不认为是犯罪。过去的行为适用了新法，那么就是新法适用于它生效之前的行为了。如果本法处刑较轻的，也适用本法。这里当然也有溯及力的问题。对于这两种情况的过去的犯罪行为，最后还是按照本法来评价的。

追诉时效

追诉时效，指的是经过了一段时间之后，这个行为就不能够被司法机关所评价了，司法机关不能处理了。

根据《刑法》第 87 条的规定，犯罪经过下列期限不再追诉：法定最高刑为不满 5 年有期徒刑的，经过 5 年；法定最高刑为 5 年以上不满 10 年有期徒刑的，经过 10 年；法定最高刑为 10 年以上有期徒刑的，经过 15 年；法定最高刑为无期徒刑、死刑的，经过 20 年。

这是不是说，有一个人他杀了人，杀人的法定最高刑是死刑，然后他躲 20 年，就不用承担任何法律责任了？常识感觉不应该如此。不然怎么还会有电视剧拍侦破陈年旧案的情节。

刑法规定，在人民检察院和公安机关立案侦查或者是人民法院受理案件之后逃避的，不受追诉期限的限制。什么意思呢？这个案件发生以后，虽然不知道这个案件是谁干的，但侦查机关已经立案了，或者受害人向法院已经起诉了，那就没有什么追诉期限的限制了，直到抓住作案者为止。

设置追诉时效，其实是一个社会整体利益的考量。

无效和可撤销

根据我国《民法典》第1052条规定，因胁迫结婚的，受胁迫的一方可以向人民法院请求撤销婚姻。请求撤销婚姻的，应当自胁迫行为终止之日起一年内提出。被非法限制人身自由的当事人请求撤销婚姻的，应当自恢复人身自由之日起一年内提出。

这个规定讲了两种情况。第一种是被胁迫，也登记了，但是被胁迫登记的，从登记之日起一年内可以提出撤销婚姻。第二种是失去人身自由的，那么从重新获得人身自由起一年之内提出。规定对这两种情况都给了一段时间，也就是一年。为什么要给一年的时间？很好理解，如果当事人在一年之内没有提出要撤销，可能是在内心已经接受了这段婚姻。如果没有关于一年的规定，当事人以后利用被胁迫为理由随时都可以单方面提起离婚，对另一方也不完全公平。至于非法限制人身自由的情况为什么要等恢复人身自由才开始起算呢？因为当时当事人没办法提出，只能等被解救才行。

关键是，《民法典》第1054条规定，被撤销的婚姻自始无效。

什么是自始无效？男女双方登记了，登记之后经过了一段时间，这段时间他们有同居的事实，可能还有子女。一方提出说要撤销婚姻，而且也撤销了。撤销的结果是什么？婚姻自始无效。发生了什么变化？在婚姻撤销之前，婚姻登记有没有效？有效。所以这个期间他们是不是夫妻？是夫妻。他们的财产是夫妻共同财产，他们的子女是婚生子女。现在婚姻撤销了。撤销之后，回过头来看，当事人双方的关系就变成了非婚同居关系，他们的财产就不是夫妻共同财产了，子女也变成了非婚生子女。当然，虽然是非婚生子女，但还按照《民法典》规定的父母子女关系来处理。

关于“可撤销”的相关规定，就特别生动地告诉我们一个道理。有效、无效，与是否发生了实效，是不一样的。自始无效之后，那些实际的社会后果都已经发生了，但对这些社会后果的法律评价变得完全不同。

空间效力

空间效力讨论的是法律效力的地域范围问题。也就是在什么样的空间范围内，可以根据这条法律来评价规则或者行为。

大家来看《香港特别行政区基本法》第 18 条。在香港特别行政区适用什么法律？全国性法律除了列于本法附件三外，不在香港特别行政区实施。那么有个问题，刑法是一部全国性法律，但没有列入该基本法的附件三，能不能根据《刑法》的规定，在香港特别行政区处理犯罪的问题？

英国可不可以为巴黎制定一部交通法规？大家知道，英国开车是左行的；巴黎在欧洲大陆上，跟我们一样是右行的。英国议会号称是全权的议会，可以制定和修改任何法律。那么这样的一个议会，可不可以制定一部法律说，从明天 00:01 开始，巴黎的车全都换个方向开？

可能要从两个角度来考虑这个问题。如果我们不考虑国际法的话，其实是可以的。英国议会可以给巴黎制定法律，但是巴黎的合法权威不一定会认可。所以这个法律有没有效力？是有的。但是它有没有实效？是没有的。因为巴黎警察不听他的。而如果要考虑国际法的话，就不可以了。为什么？因为英国议会的做法侵犯了法国的主权。

那好，清华大学可不可以给北京大学定条规定？明天开始他们就换边开车。不可以。为什么？因为我们和他们处于同一个法律体系之中。根据《高等教育法》，要尊重北京大学根据章程自我管理的权利。

对人的效力

第一种是属地主义。刑法规定，凡在中华人民共和国领域内犯罪的，除法律有特别规定的外，都适用本法。凡在中华人民共和国的船舶或航空器内犯罪的，也适用本法。犯罪的行为或者结果有一项发生在中华人民共和国领域内的，就认为是在中华人民共和国领域内犯罪。

这里考虑的是什么呢？这个事件发生的地点。所以这个称属地主义。

第二种是属人主义。这个也很好理解，凡是中华人民共和国公民犯罪的，即便是在中国领域以外犯罪，也适用本法。当然，法律规定有一个但书，按刑法规定的最高刑是三年以下有期徒刑的，可以不予追究。

第三种是保护主义。外国人不是中国公民，他又在中国领域以外犯罪，但是刑法也管得到，即如果外国人是对中国国家或者公民犯罪的情况。这是什么意思呢？是指刑法管得更宽了，只要侵害到中国国家或者中国公民，无论是外国人也好，还是在中国以外也好，刑法也要管得到，这称为保护主义。

属地主义是空间效力的问题吗？不是。属地主义，仍然是根据这个人所在的地方来判断这个人是不是要受到法律的管辖。它仍然是对象效力的问题。

大家知道过去有这样一个案件。糯康在湄公河上杀害了几名中国船员。他是泰国公民，然后在老挝被抓到，被引渡到中国，接受了中国法庭的审判，根据中国刑法判处死刑。糯康是个外国人，也是在中国境外犯罪的，但他是对中国人犯罪，所以按照保护主义的规定，对他进行了处罚。

规则的有效

下面我们来看规则的效力。

《立法法》规定，法律的效力高于行政法规、地方性法规和规章，行政法规的效力高于地方性法规和规章。这是根据法律的位阶来判断法律的效力。

而地方性法规和规章之间不一致时怎么办？如果它们之间对同一事项的规定不一致，由国务院提出意见，国务院认为应当适用地方性法规的，就用地方性法规。如果国务院认为应当适用规章，还要请全国人大常委会来裁决。为什么这样规定？为什么要先让国务院来考虑？因为国务院的位阶高于国务院的这些部门。如果国务院认为不必适用这些部门制定的规章，那么当然就可以直接适用地方性法规。但国务院不能够直接管到地方人大，如果他们之间有争议，那么还要由全国人大常委会来裁决。

如果是新的一般规定与旧的一般规定不一致，怎么办？直接用新的就行了，新法优于旧法。但如果是新的一般规定与旧的特别规定不一样，同一机关制定的就由制定机关来裁决，因为本来就是这个机关自己制定的。

有个问题就是，什么是一般规定和特别规定。我们看《公务员法》第 2 条第 1 款，本法所称公务员，是指依法履行公职、纳入国家行政编制、由国家财政负担工资福利的工作人员。而《法官法》第 2 条中说，法官是依法行使国家审判权的审判人员。那么问题是，法官是公务员吗？是。因为法官符合公务员的这几个内涵。那么，公务员除了法官之外，还有没有别的人？有。所以，什么是一般规定，什么是特别规定呢？要根据这个行为模式中所涉概念的外延大小来判断，看看谁是谁的子集。《公务员法》规定公务员应该做什么，《法官法》规定法官应该做什么，既然法官是公务员，那么《公务员法》规定的要求对法官是不是要发生效力？是的。但如果《公务员法》里面有些规定与法官法的要求不完全一样，这个时候就要用到《法官法》的特别规定。

司法机关对法律效力的判断

司法机关可不可以判断法律的效力呢?

来看洛阳种子案。

案例

2003年，洛阳市的公司与伊川县的公司发生纠纷，伊川县的公司不对，要赔偿洛阳市的公司。但是，到底赔多少钱?在这个问题上两方产生争议。洛阳市的公司认为销售价格应当按照《种子法》来定。《种子法》是一部法律，规定销售价格要按照市场价来定。但伊川县的公司认为，当时有一部专门的《河南省农作物种子管理条例》，这是一个地方性法规，里面规定有一个政府指导价。伊川县的公司说应该按照政府指导价来赔。

法官是这样判决的。《种子法》实施以后，玉米的价格已经由市场来调整了。河南省的条例位阶低，是一个地方性法规，与《种子法》的规定不一致，应当无效。

对于法官的判决，有人说，法官相当于在审判中超越了权限，侵犯了立法机关的权威。也有人说，法官的判决是没问题的。《种子法》是高于《河南省农作物种子管理条例》的。而且，种子的价格是会随着市场变化的，而《河南省农作物种子管理条例》所谓政府指导价，它始终是滞后的。根据市场价格来赔偿，更能保护受损失一方的利益。

对于司法机关能否判断法律效力的问题，人民法院发布关于司法解释工作的规定说，人民法院制作裁判文书确需引用的这些规范性法律文件之间存在冲突，根据立法法又无法选择适用的，应当提起有权决定的机关裁决，不得自行在裁判文书中认定相关规范性法律文件的效力。行政诉讼法进一步说，认为这些部门制定的规范性文件不合法的，在行政诉讼的时候，可以对规范性文件进行审查，但是规范性文件不包括规章。

法律的实效

法律到底能够在实际的社会中发生什么样的影响，造成什么样的后果？如何使有效的法律真正发挥实效呢？是让法律规定的后果特别好或者特别坏吗？这个在现代法学看来并不是最理想的。那已经是两千多年前韩非的想法了。一个法律真正有实效，归根结底要让生活在法律体系覆盖之下的人形成守法的意识，养成守法的习惯，形成法治的文明。

很简单，你开车也好，骑自行车也好，看到红绿灯，你会每次在红绿灯前想一想，如果我闯红灯会被拍到，就要罚我钱，很可怕，所以我就不闯红灯了。你大概不会这样做，对吧？长期养成一种遵守交通法规的习惯才是根本所在。如果这个社会中，大家都是如此的话，社会规范和实定法就在个人和集体、主观和客观两方面都达到了和谐统一，那时候，有效和有实效也就真正建立起联系了。

阅读指引

苏力:《送法下乡:中国基层司法制度研究》(修订版),北京大学出版社2011年版。

该书是法学家苏力教授的代表作之一。作者提出,以“对初审法官的实践和经验的研究总结”填补法学理论空白。这一经典的经验研究之作有助于同学们理解法条解释和法律实践并非完全等同。阅读这本书,也可以使同学们对于以社会科学方法研究法律现象的理论进路有个初步的印象。

本书编写组编著:《规范性文件备案审查制度理论与实务》,中国民主法制出版社2020年版。

本课并没有直接介绍我国的备案审查制度,但其无疑是法律实施的重要方式之一。全国人大常委会法工委备案审查室组织编写的这本书全面介绍了这一制度的理论与实务,是难能可贵的学习资源。同学们可以通过阅读,更为深入地了解我国的法律实施现状。该书也可以提供一个立法机关的视角,和苏力著作的司法视角形成互补。

第六课 权利、义务、责任

本课的重点是介绍权利、义务、责任等概念。

法律意义上的人格是由法律本身所创制。为了使人能够参与法律关系，进行法律活动，法律赋予人各种消极的能力和积极的能力。相应地，不受侵犯的能力和接受、承受对方行为的能力，可以被称为消极的能力。主动给予、积极创造的能力，可以被称为积极的能力。人的自由与人的能力相联系，也可以分为消极和积极两种。消极的自由是不受干涉的自由；积极的自由是自我实现的自由。而平等也和法律对人的能力的设置相联系。法律意义上的身份是人的能力的集合。在现代社会中，人的身份趋向于一致，法律面前人人平等。

权利主要指人所享有的合法利益。当然，对于权利还有其他理解。最主要的一种是把权利理解为得到法律支持的主张。义务是对人提出的避免发生法律上过错的要求。法律上的责任，即人违反法律义务要承担的不利的法律后果。由法律规定不必承担法律责任，即得到“豁免”。事先就享受豁免，可以被认为是拥有特权。在现代社会中，特权已经比较罕见。

人

实例

2017年8月31日，陕西发生了一件事。一个待产的孕妇在产前检查的时候就发现胎儿的状态有些问题。临近生产时，医务人员向这个产妇和家属说明了情况，说胎儿的头比较大，顺产可能有危险，建议他们剖宫产。但是产妇和家属当时商量还是先试试顺产。等到产妇真正上了产床之后，她在分娩的过程中感到特别疼，想要改成剖宫产。但她的家属还是坚持不想剖宫产。几次三番之后，产妇说她实在受不了了，要下床走一走，却突然从产房的窗户跳了出去。

这个事件里面涉及几个人？他们各自具有什么样的能力，又做了什么事情呢？首先当然是医生。医生在这里是帮助产妇分娩的，依靠的是专业知识和技能。如果纠纷的处理结果是医生要承担责任，那医生可能要赔偿损失，甚至失去执业的资格。其次是产妇。产妇在这里当然是当事人，她在分娩过程中极度痛苦，可能也施用了药物，承担的责任可忽略不计。再次是家属。家属的角色比较复杂。一方面，他们要对产妇“负责”。另一方面，他们还要对胎儿“负责”。所以医院才要求家属而非产妇来签署治疗方案的同意书。最后是胎儿。在这种情况下，胎儿当然是被动的，什么也做不了。在这个实例中，胎儿最终也失去了生命，非常令人痛心。

我们要做点分析，从法律的角度看，人的什么能力是必不可少的呢？

首先，人们最容易想到的是理智。但以理智为人的必要特征的话，就很难解释植物人的问题。植物人可能有两种情况，一种是脑中仍有活动，但是其他人不知道；另一种当然就是脑中已经没有思维活动了。哪怕是脑中没有思维活动的植物人，也绝对不能随意被处置。可见，理智并没有那么重要。

那么意志重要不重要？意志显然也没有那么重要。这位产妇的理智状态无法评估，但意志是十分清晰的。只是因为她和家属之前签署了一份知情同意书，在整个分娩过程中她再有什么表示，家属如果选择忽略她，医生也只能服从。

许多人都说，人之为人，最重要的是生命。似乎是如此。可大家也知道，有的孩子生下就是连体的。这个时候肯定要做个医学的判断，到底两个部分里面哪一个部分的生存概率更大，甚至可能还要从一部分里面取出一些器官来给另一部分，使其存活。在这种情况下，如何理解生命呢？是身体器官的活动，比如心脏和大脑的活动吗？那么在调配器官的时候，有没有伤害生命呢？问题是，如果不这样做，整个机体都无法继续生存。

AI（人工智能）又是另一个难题。大家可能知道“图灵测试”。如果人们对面是个计算机，人们与它进行交流，而其中有一定比例的人不能发现对面是个计算机，这时就可以判断人们对面的这台计算机达到了所谓的人的智力程度。现在的标准大概是30%，就是说，如果100个人中有30个人看不出来交流的对象是计算机，就认为它具备人的智力了。

基因也不是很可靠。我们知道灵长类动物实际上与人的基因相似度非常大。智人虽然是现存的唯一人种，但在地球上直到很晚近的时候还有其他人种。

自我意识也不是必不可少。许多灵长类也肯定有自我意识。给黑猩猩脸上点一个红点，然后给它照镜子，它就会摸红点，说明它知道镜子里的是自己。

推理判断能力也不是人所独有的。很多鸟类有高度的智力。我们身边就有一个这样例子。前几年清华大学在各个教学楼都装了一个特殊的设备，每天下午直至深夜都会发出凄厉的叫声。原来这是在模仿乌鸦受到攻击时发出的声音。因为主干道上有好多乌鸦，同学们下课那段时间很容易受到“袭击”。开始还很管用，可过了一段时间那些乌鸦就知道状况了，站在喇叭旁边完全不害怕。

同情心是人类社会存在的基础。但我们知道，大象也有同情心、同理心。在象群之中，如果有成员死亡了，甚至还会举行一些类似葬礼的活动。宽泛一点说，它们也有“文化”。

人与人能够进行社会的合作。可宽吻海豚也会主动与人进行合作。人在太平洋上要捕鱼，这些海豚就会帮忙把鱼群赶过来，而人捕鱼之后会再分给这些海豚一些捕获的小鱼。海豚并不是人饲养的动物，它们与人的合作是一种自主的合作。

说了这些之后，我们就发现，好像说不出任何一种东西是人与生俱来就独占的。

我们再看看这个规定，《刑法》第30条规定，公司、企业、事业单位、机关、团体实施的危害社会的行为，法律规定为单位犯罪的，应当负刑事责任。

这个规定告诉我们什么道理呢？原来法律可以创造一些并不存在的东西。把这个不存在的东西就当作人。原来法律可以把一个东西当成另一个东西来处理，把单位当成人来处理，这样的做法称为**法律拟制**。

法人就是法律所创设的人格。它明明不是通常所说的“人”，但是法律就直接把它当作人来对待。

于是我们只好说，法律意义上的人就是法律意义上的人。

当然处理起来，组织和个人还是不一样的。西班牙的加泰罗尼亚地区要组织独立公投，想要从西班牙独立出去。然后西班牙的宪法法院就在举行公投之前，告诉地方政府，这是违宪的。可是加泰罗尼亚的地方政府还是组织了一个非常正式的所谓“民意调查活动”。后来，西班牙的中央政府根据西班牙《宪法》第35条，决定取消加泰罗尼亚当时的地方自治政府。对于组织怎么处理？最为严重的结果当然就是在法律上令其不存在。

人的能力

法律所创制的这些人，到底要有什么能力呢？

最常见的是参与法律关系，进行法律活动的能力。这样的能力实际上有两个部分，在合同中最为明显，既有给予的能力，也有接受的能力。

也有的时候，并不需要有一个相对的对象。如果有一个发明家，他进行发明创造，他想制造一个什么东西，他可不可以干？当然可以。人有自己进行创造和选择的能力。

再有，胎儿也有能力。我国《民法典》不但承认分娩后的胎儿是人，而且在母体之中满足一定月龄的胎儿也被看作人。胎儿有什么能力呢？只有一条，胎儿有不受侵害的能力，有一个法律给的“盾牌”。

我们把不受侵犯的能力和接受、承受对方行为的能力，称为消极的能力。我们把主动给予、积极创造的能力，称为积极的能力。

自由和平等

人的自由是与人的能力相联系的。甚至可以说，我们讲的法律意义上的自由，就是指人在法律上具备的能力。

消极的自由指的是不受干涉的自由。积极的自由是自我实现的自由。众所周知，关于“消极自由”“积极自由”的讨论，首推柏林的经典论说。他说：

> 我们一般说，就没有人或人的群体干涉我的活动而言，我是自由的。在这个意义上，政治自由简单地说，就是一个人能够不被别人阻碍地行动的领域。如果别人阻止我做我本来能够做的事，那么我就是不自由的；如果我的不被干涉地行动的领域被别人挤压至某种最小的程度，我便可以说是被强制的，或者说，是处于奴役状态的。[1]

而对于“积极自由”，他说体现为：

> 我希望我的生活与决定取决于我自己，而不是取决于随便哪种外在的强制力。我希望成为我自己的而不是他人的意志活动的工具。我希望成为一个主体，而不是一个客体；希望被理性、有意识的目的推动，而不是被外在的、影响我的原因推动。我希望自己是个人物，而不希望什么也不是；希望自己是一个行动者，也就是说是决定的而不是被决定的，是自我导向的，而不是如一个事物、一个动物、一个无力起到人的作用的奴隶那样只受外在自然或他人的影响，也就是说，我是能够领会我

〔1〕［英］以赛亚·伯林：《自由论》，胡传胜译，译林出版社2003年版，第189页。

自己的目标与策略且能够实现它们的人。[2]

我们讲的法律意义上的自由和柏林的说法有联系，也略有不同。消极的自由是在法律上具有防御的能力，而积极的自由是在法律上得到了鼓励、支持、帮助。消极的自由是“有所为有所不为”。积极自由在某种意义上讲是希望“为所欲为”。用中国哲学的话说，一个有点像“狷”，另一个有点像“狂”。不滥用自由就是中道而行了。

法律上对人的能力的这种设计安排，与平等也有关系。法律意义上的身份是人的能力的集合。法律给人设计安排的能力未必一样，把这个人所具备的全部能力集合放在一起，就决定了他的身份。在现代社会，人的身份是趋向一致的。因为现在法律对于人的能力的设置，基本上是完全相等的。法律面前人人平等，就是这个意思。

但也不能说现代社会、现代法律中，身份就完全没有差别。成年人和未成年人的能力就不同。孩子几岁可以合法地打酱油，是很重要的。不会因为是小朋友买了酱油，合同就一定无效。

我们知道，在欧洲中世纪，人的能力是多种多样的。法律史家亨利·梅因（Henry Maine）写过一本书名为《古代法》。书中他提出了一个著名论断，他说，既往人类历史一言以蔽之，是一个从身份到契约的过程。过去的法律比较强调身份，是围绕着身份组织社会活动，安排社会生活。而今天的法律，因为身份都是一样的，所以是围绕着契约组织社会活动，安排社会生活的。

身份区别于角色。角色是在法律程序中，人要发挥的功能和要起到的作用。在中华人民共和国的历史上，法官和检察官开庭时曾经并排坐。这种法庭设置意味着什么呢？意味着检察官与法官的地位一样。但今天已经不这么安排了。当下实际上已经把诉讼参与人理解为一种同僚的关系，都处在法律的程序之中，共同的任务是完成法律程序，解决法律纠纷。所以这个时候律师是来帮助法官解决问题的，而不是法官的下属。

---

〔2〕［英］以赛亚·伯林：《自由论》，胡传胜译，译林出版社2003年版，第200页。

《民事诉讼法》第58条第1款规定，对污染环境、侵害众多消费者合法权益等损害社会公共利益的行为，法律规定的机关和有关组织可以向人民法院提起诉讼。机关和组织好理解，是指环境生态部门和中国消费者协会等。根据该条第2款规定，人民检察院在履行职责中发现破坏生态环境和资源保护、食品药品安全领域侵害众多消费者合法权益等损害社会公共利益的行为……可以向人民法院提起诉讼。可见，检察官的角色一直在发生变化。

权利和义务

人有合法的利益。这是法律能评断的，法律要决定谁的利益符合法律。权利主要指法律上的利益，或者称合法的利益。当然，对于权利还有其他的理解。最主要的一种就是把权利说成是得到法律支持的主张。也就是说，我有权利，意味着我可以提出一种主张，要对方做什么事，或者要法院做什么事。

义务就要复杂一点。要真正理解义务，需要一个推导的过程。法律规则一般都会在表述中告诉你应当做什么事，或者禁止你做什么事。如果法律要求你做的事你没有做，或者法律禁止你做的事情你做了，这个时候我们说你有一个法律上的过错。义务就是对人提出的避免发生法律上过错的要求。实际上转了一圈。义务不是说你应当做什么事，而是不能够允许“让你做的你没做、没让你做的事你做了”。这个才是法律上的义务。

为什么要这样理解呢？这涉及如何看待“助人为乐”这件事。助人为乐，当一个好人，是不是法律上的义务？我们把助人为乐不规定为法律上的义务，有什么好处呢？为什么法律规定不能当个坏人，而不是直接规定应当做个好人？为什么法律规定说不能侵害别人，而不能规定看到别人受侵害，就一定要去帮助他们？如果规定得过高的话，第一大家做不到，第二也未必真能达到人们所希望的社会后果。当然，这种义务定义也有一些弊病，比如造成自由的滥用。如果有人每天要过一种非常奢侈浪费的生活，“朱门酒肉臭”，在这种义务观下就不好处理。

责任

法律上的责任是什么呢？法律上的责任，是指做了违反法律义务之事要承担的不利的法律后果。责任一定是不利的法律后果。

在法律上对于责任的分配，实际上是一个非常复杂的问题。喂流浪猫的人是不是动物的饲养人和管理人？遇到这种案件，法官曾经把理由讲得非常清楚。什么是饲养员和管理员？他应当能够为了自己的利益来使用动物，对动物有决定权。所以在这个意义上，喂流浪猫的人虽然饲养了，也可能管理了，但他并不是法律意义上的饲养人和管理人，所以他不用承担法律上的动物致害人的责任。当然，虽然喂流浪猫的人不是法律上的饲养人和管理人，但是他的行为与流浪猫造成的伤害也有一定的关系，实际上导致流浪猫的聚集，增加了整个环境的危险。所以，喂流浪猫的人也要按照一定的比例来承担责任。

相似的概念

还有一些概念也需要进行辨析，不要混淆。

第一个是职责。职责是法律规定你要完成的任务。职责和义务不同。比如，老师来这边上课。老师的义务是要满足课时的要求。但老师的职责是什么？如果老师是个好老师，老师会觉得自己的职责是教书育人。

第二个是豁免。豁免也是与法律责任相联系的。法律先予规定，什么人在什么情况下做什么事，不必承担法律责任，这称为豁免。这种情况不是事后的，事后的称为“赦免”。国庆的时候特赦了一批在押的罪犯，罪犯原来要承担法律责任，还有一部分责任没承担完，不要他继续承担了，就是赦免。

事先就享受豁免，称为拥有特权。特权也是和法律责任相联系的。在现代法律之中使用特权是非常少见的，但也存在，比如，大家知道英国女王在英国开车是不用领取驾照的，因为驾照是她发的。女王从第二次世界大战时期开始就酷爱开车，她作为 90 多岁的老司机从来就没有驾照。如果是别人的话，在道路上行驶，没有驾照就违法了，要承担相应的交通法规责任。英国女王不用，她事先就被豁免了，她有特权。

阅读指引

张文显：《法哲学范畴研究》（修订版），中国政法大学出版社 2001 年版。

该书是法学家张文显教授的法学经典著作，对最重要的法哲学范畴进行了全方位的哲学分析。其中，中篇和下篇对权利、义务等法哲学中心范畴进行系统阐释与辨析，奠定了“权利本位”法学范式的基础。

第七课　新分析法学

本课的重点是介绍新分析法学的法律观。需要理解新分析法学认为法律是一个规则体系，坚持“分离命题”。

将法律看成一个规则体系是相对于将法律看成主权者的命令而言的。命令并不能很好地涵盖所有的法律现象。说法律是命令，和法律现象给人们的直观感受不完全一样。但将法律说成一个规则体系，也使识别法律的标准过于单一。法律中除了规则之外，还有原则等。在处理疑难案件时，往往是原则而不是规则在发挥关键作用。

如果“规则体系”回答了法律是什么，那么“分离命题”就将回答法律不是什么的问题。“分离命题”要说明法律与道德的关系，意在澄清法律与道德之间没有必然的联系。当然，在实证主义倾向的法学传统内部，其还可以细分为排他的实证主义和包容的实证主义。排他的实证主义要求道德必然要从“法律”这个概念中排除，法律与道德是截然二分的。而包容的实证主义接受道德不是必然地要从法律中排除，但也不是必然地被包含于法律之中。

新分析法学的出现

新分析法学可以从哈特开始讲起。哈特是英国的一位法哲学家，长期在牛津大学担任法理学的讲席教授。哈特的传记作者曾经描绘过哈特的一个剪影：

> 1983 年，76 岁的赫伯特·哈特从外表上看，正处于志得意满、情感安适、衣食无忧的人生阶段。那时的他已经是世界闻名的法哲学家及政治哲学家；他的第七本著作刚刚问世；尽管关节炎的慢性损耗使他驼背和虚弱，也尽管在骑心爱的自行车时遭遇不幸，但他的健康状况依然良好；他享受着丰富的社会生活和天伦之乐，并与牛津大学学院保持着愉快的合作。他给人留下的印象完全符合他的客观地位：虽然他的言行总是超乎寻常的温文尔雅，但哈特的风度仍旧如同一位成熟的政治家那样，节制、理智而又随意。他留着一头令人震惊的白发，一双湛蓝的眼睛锐利无比，即便隔着厚厚的镜片，也能一下就看穿别人。他就是这样一个具有毋庸置疑的出众气质的人。[1]

所谓新分析法学，当然是指它复兴了同时也改造了之前的某种法学传统。从 19 世纪开始，随着实定法的大量出现，重视实定法的带有“实证主义”倾向的法学研究越来越流行。在法学院，同学们从大一下学期开始，要学习刑法、民法等所谓“部门法”。绝大多数部门法的讲授也会是带有浓烈实证主义色彩的。那么，长期一统天下的这种法学研究为什么会有所衰落呢？这与后面这个事件大有关系。

---

〔1〕［英］妮古拉·莱西：《哈特的一生：噩梦与美梦》，谌洪果译，法律出版社 2006 年版，第 1 页。

第二次世界大战之后，举行了两个重要的审判，对象是第二次世界大战期间的战争罪行。纽伦堡审判针对的是欧洲战场的战争犯，而东京审判针对的就是亚洲战犯。在东京审判中，清华大学的两位老校友分别担负了重要的责任，梅汝璈先生担任了法官，向哲濬先生担任了检察官。在纽伦堡审判和东京审判的过程中都遇到了相似的问题。“第三帝国”时期的德国法律仍然是非常细致的，德国军人提出，他们的活动是按照当时德国的法律进行的。在东京审判中，印度籍的法官主张判处日本战犯无罪，理由也大同小异。当然，结果众所周知，无论是在纽伦堡审判中还是在东京审判中，这些战犯都因为所犯战争罪行而遭到惩处，有的还被执行了死刑。

可是，在这种情况下，过去那种比较简单的实证主义倾向的法学就不得不面对一个问题。两个重要的审判能够做出否定当时实定法的判决，实定法不就无法再宣称自己是唯一的和绝对的了吗？是否真的存在超越实定法之上的“法”或者“规范”呢？

哈特和他的学生们提出的新分析法学，也称后实证主义法学，仍然使用分析方法，带有实证主义的倾向，但和前人的认识已经有所不同。分析这种研究方法，简单说有两个意思。第一个意思就是把复杂的问题拆成可以解决的简单问题，把一个大问题拆成一个个小问题来回答。第二个意思与法学结合起来说，就是要穷尽所有的语言材料，找到概念的确定含义。其实律师使用的实质就是这种方法。而实证主义的实质还是这些法学家重视实定法。

法学家麦考密克在讨论哈特的思想时，对“新分析法学”有一番说法：

> 分析法学的目的就是提高对法律和法律思想的理解，这种理解既对理解者个人有好处，也具有实践价值。很自然，在漫长的法律学术史中，很多的关注都给予了词语和概念。道理不难理解。作为法学的研究对象，法律关注的是人的行为，这种行为不仅仅是自然过程，而且是会思考、会言说的动物做出的

社会行动。法律本质上且不可抹杀的是一种语言现象——当然，不仅仅是语言的。法律通过语言而规定，通过语言而传播。法律行为和法律决定总是和可表达的思想及公共言说联系在一起，也经常是一种公共论证。一个复杂的概念框架和庞大的且部分专业化的词汇体系，对于建构大量的实践和行为进而构成法律秩序是极为重要的。因此，理解法律就要澄清和分析相关的复杂概念框架。法理学不仅仅是私人思想的表达，同样也是由书面语言和口头语言构成的。它所研究的对象本质上是一种概念性的、语言性的行为。所以，假如哈特想澄清法律秩序的本质，就要像别人一样至少不可避免地把语言作为主要关注的对象。[2]

关注语言，恐怕是新分析法学在方法和思想上最重要的基点。具体而言，对于新分析法学来说，大概有四个问题是比较重要的。第一，法律是规则构建的金字塔，法律是一个由规则组成的体系。第二，法律责任，不利的法律后果与法律义务紧密相关。法律责任是由于违反法律义务而产生的。第三，法律活动是围绕着实践理由展开的。每个人在行动的时候，其实都有自己为什么要这样做的理由，称为实践理由。法学家拉兹提出了一个很有意思的观点，他说法律就是排他的理由，你的行动有很多的理由，但法律的理由使其他的理由都要让位。第四，人们为什么会守法呢？有新分析法学家认为，主要是因为人们长期生活在法律下，形成了相应的习惯。

〔2〕［英］尼尔·麦考密克：《大师学述：哈特》，刘叶深译，法律出版社2010年版，第35页。

法律是一个规则体系

说法律是一个由规则组成的体系，那么就要回答，什么是规则？什么是体系？之前已经谈到，规则最重要的特征是它有结构，体系则要求规则之间没有逻辑上的冲突。

法律是一个规则体系，听起来很简单，谁会想不到呢？但这种观点还是重要的。它是针对“法律是命令”的旧观点而发。过去，实证主义倾向的法学家最基本的想法就是，法律是主权者（国家）所发布的命令。主权者这个概念从法国思想家博丹开始逐渐被广泛使用。他著有一本书名为《共和国六书》或者《主权六书》。博丹认为，主权者不用服从他自己之外的任何其他人，或者说，国家不用服从其他国家。

法律是命令或法律是规则，这两种说法背后有什么差别？首先，命令并不能很好地涵盖所有的法律现象。如果说法律是命令，就与法律现象给我们的感觉不完全一样。在民事活动中，我们订立一个合同，一手交钱一手交货，这可以说是形成了一项法律义务。但这是对方给我的命令吗？非这样讲的话，似乎勉强也还可以，但总感觉并不十分准确。

更为重要的是，把法律说成命令或规则，意味着法律与权威的关系是根本不同的。如果说法律是命令，那么意味着法律最终服从权威。它最终的来源是权威。但如果说法律是规则，那就彻底颠倒过来，说明权威服从规则，权威服从法律。权威是法律所创造的，权威的活动要根据法律来进行。

一般地说，法律是规则体系，这种表述没有什么问题。只是在极端的条件下，可能造成两个疑虑。一个问题是德沃金所提出的，他说实证主义者认为法律是规则体系，但是这样一来，似乎把识别什么是法律、什么不是法律的标准变成了唯一的。他说，可是有的时候我们会发现，法律之中有些东西不能用“规则”标准来识别，而它就实实在在的存在于实定法之中。是的，法律之中除了规则之外，总有一些其他的东西，主要是原则。德沃金说，法律中有一些法律原则存在，这些东西长得就与规则不一样。实证主义者怎么回答这个问题呢？而且，在疑难案件之中，恰恰是原则而不是规则在发挥作用。在那些对人类社会影响长远重大的疑难案件中，特别是宪法案件中，法官往往是根据法律原则来作出判决。这样说来，法律是规则体系也就不那么准确了。

最近关于英国议会休会的三份判决书特别有趣。我们可以读一读三份法庭意见概要。首先是苏格兰高等民事法院的一份法庭意见概要。

> 苏格兰高等民事法院之上诉院判决，首相向女王陛下提出建议，令联合王国议会于2019年9月9日与12日之间某日起至10月14日止休会，是不合法的，因为这一建议意图从中作梗，妨碍议会运行。
>
> 2019年7月31日，79人提出司法审查的请求，其中78人是西敏寺的议会议员。他们请求法院宣布，英国政府建议女王陛下休止议会运行是不合法的，因为政府意在使议会没有足够时间来慎重考虑英国脱离欧盟的问题。
>
> 本来，到9月6日法院才会实质地聆审此案。但在8月28日，基于首相的建议，女王陛下已经颁制枢密院令，令议会于9月9日与12日之间某日起至10月14日止休会。
>
> 初审法官拒绝发出禁止令组织议会休会，但将实质聆审时间提前到9月3日。聆审当晚，被告方提交了被部分编辑过的文件，最早的起自8月15日，以展示政府对于休会的考虑。
>
> 初审法官驳回了请求。他认为，首相向女王陛下提出的休会建议具有高度的政策性，是一个政治判断，是不可予以法律审查的，提出该建议的决定是无法被法院以法律上的标准来检验的。
>
> 本案的上诉由苏格兰高等民事法院的上诉院在9月5日、6日聆审。而议会已于9月10日早间被休会。
>
> 第一上诉庭的三位法官决定，首相向女王陛下提出的建议

是可予以法律审查的，而他的建议乃是基于从中作梗、妨碍议会运行的动机作出的，因此是不合法的。

法院院长，Carloway 法官，决定尽管向女王陛下提出行使王权令议会休会的建议不宜以司法审查的通常标准予以检视，但无论如何，如果它的目的是妨碍议会监督政府，它就是不合法的。议会监督政府，这本是宪法所奉行之善治原则的中流砥柱，这是民主和法治两原则的题中应有之义。

这一建议所提出的时机，以及上述文件所展示的内容都证明，妨碍议会运行才是本次休会的真正目的。

Brodie 法官认为，尽管在审查请求提出时，这一问题几乎没有被法院检视过，鉴于其实属破坏议会的诡计，这项特别的休会请求仍然可以被法院认定为非法，真可谓不符合公权力机关最起码行事标准的一个恶例。

显而易见，此次休会的主要原因是想阻止、妨碍议会让政府向其负责并就脱欧进行立法，并放纵政府追求“无协议脱欧”的政策且免于议会干涉。

Drummond Young 法官认定，法院对任何权力的合法行使均有管辖权，无论其是不是王权。有鉴于关涉议会监督政府这一重要的基本宪法原则，英国政府有义不容辞之职责为本次休会说明正当理由。

如此时机，特别是本次休会的时长，都证明了其目的是阻止议会监督。上述文件也都证明背后别无其他理由。唯一的推断就是，英国政府和首相本人想要限制议会活动。

法院还裁决被告提供文件之未经编辑版本毋庸公开。

法院相应地颁令宣布，首相向女王陛下所提出之建议，以及由此造成之议会休会，违法无效。

然后是英格兰和威尔士高等法院王座法庭的一份法庭意见概要。

在2019年8月28日（周三）的枢密院会议上，女王陛下，根据首相的建议，颁令议会于9月9日与12日之间某日起至10月14日休会。

同日，Gina Miller，本案原告，申请对首相的决定进行司法审查，希望本院宣布首相提出上述建议的决定是不合法的。

本院随即允许Chakrabarti女男爵（影子内阁中的英格兰和威尔士总检察长，代表经公认之"忠诚的反对党"）、梅杰爵士（前首相）、威尔士律政司（代表威尔士政府），以及苏格兰律政司（代表苏格兰政府），作为第三人以书面方式参与诉讼程序。这些第三人均支持原告方。

2019年9月6日，本院同意原告申请，进行了司法审查，但一致决定，驳回所请。本院并根据1969年《司法行政法》第12条（3A）（c）之规定发出文书，允许就本案的上诉遵循所谓"蛙跳"程序直达联合王国最高法院。

本院的判决理由已在2019年9月11日本院所作判决书全文中说明。

原告诉求

原告诉称，首相向女王陛下所提之令议会休会的建议是非法的滥权，因为它实质地影响了议会议事，在英国将于2019年10月31日脱离欧盟的安排这个问题上，削弱了议会根据自己所愿进行立法的能力，因而破坏了议会主权的原则，且妨碍了议会发挥令政府向其负责的"监督"功能。

原告认为，议会主权和法治两原则密不可分。即便不考虑首相和政府应当对议会所负的政治责任，法院本身也有职责捍卫议会主权之宪法原则，保障议会根据自己所愿指定任何法律的权利，保证政府向议会负责。

就本案而言，原告主张，首相所提建议是非法的，是对权力的滥用，为了准备《女王训谕》（这是首相说的休会理由），议会没有必要被这么长时间地噤声。合理推断是，首相向女王陛下所提建议受到他讨厌议员们观点情绪的不当影响，首相担心议会可能妨碍政府的谈判策略，在他的印象中议会对他所持“无协议脱欧”政策是一个潜在的威胁。这些都证明首相对于议会主权原则和议会角色的理解是大错特错的。

判决理由

本院基于长久以来被普遍接受的观点认为，原告所请是不可予以法律审查的。或者说，此非法院所能裁决之事。

决定休会是一项王权，是仍然掌握在官方手中的一项裁量权。这一决定在形式上是君主根据枢密院的建议作出的。而基于宪法惯例，对此，君主总是根据首相的建议行事。

当然，本国政权之行政分支的决定和行为并不仅仅因为是在行使王权就能免于司法审查。

当考虑法院是否有权审查王权行使时，第一个问题是行使王权处理的事项本身是否可予以法律审查。本院不接受原告的一个观点，即我等须先决定本案中是否存在违反公法之事，再决定本案可否予以法律审查。可否予以法律审查的问题，在逻辑上和法律上，都是首先需要处理的。

法院检视王权行使可否予以法律审查的标准是，其所处理的事项是否具有高度的政策性，是政治性的。由此，法院才能保持政权之司法分支和行政分支间的权力分立，这是我国不成文宪法的基本要素。而所谓政治问题的本质特征是，缺乏司法或法律上的标准来评价行政机关决定或行为的合法律性。

长久以来，法院一直拒绝审查政治问题。

被告方的证据表明，首相提出建议时考虑到诸多因素，包括要为《女王训谕》准备政府的立法规划；议会在10月31日之前仍有足够时间来讨论脱离欧盟，并监督检查政府在同欧盟谈判时的行为；本次休会的期间包括惯常为政党代表大会安排的休假；议会的本次会期已经是40年来最长的；议会在本次会期中已经越来越无正事可做。上述所有因素都牵涉到非常多的政治考量。

首相认为议会应当在此时休会的决定、为此选择的休会期，以及首相因此提出的休会建议，在本质上都天然是政治的，并无任何法律标准可资凭借以判断它们的合法性。议会的休会期没有法律规定，甚至没有宪法惯例可资决定，而宪法惯例也并非可予以法律审查的。议会可能因为各种原因休会，包括政治原因，而目前没有制定法、普通法或者惯例要求议会不可休会。

如果本次休会的主要目的是准备《女王训谕》，那么法院无法决定这一休会期是否过长，因为那就要求法院检查、评价政府到底要用多长时间来准备它想提出的立法计划，这纯属政治问题。

法院也无法根据任何可度量的标准来评价议会到底要用多长时间才能令政府向其负责，包括制定法律以要求首相采取步骤避免无协议脱欧。此事已经为《欧洲联盟（退出）（第6号）法案》的神速通过所证明。议会有能力如愿提速表明，本案原告主张的前提条件是站不住脚的，原告称本次休会使议会没有机会做它现在已经做了的这件事。

原告为了回避这个难题还提出了另一基于议会主权原则的主张。

原告的主张因为以下理由不成立。与议会主权原则并行的还有权力分立原则，法院、政府、议会具有不同的宪制责任，这也是我国不成文宪法的基本原则。而法院为此设立的界限就是，所处理的问题是否具有高度的政策性，或者是政治性的，或者既有政策性又有政治性。在本案中，问题就是政治性的。议会休会的目的不仅是准备《女王训谕》还可以是其他的，甚至包括依据时势追求政治利益。即便议会休会的目的只能是准备《女王训谕》，法院也无法根据任何可以度量的标准来检视该决定。

议会主权的概念认可我国的“君临议会”可以不受法律限

制地制定任何法律，除非议会自缚手足。

原告所提出的新颖宽泛且要由法律强制实施的议会主权概念，究其本质，是指议会不受限制自我运行的能力，其存在是没有权威资料可以佐证的。

而且它仍然会造成同样的问题，就是到哪里去寻找可资评断的标准来认定违法。这也根本上否定了原告所提宽泛的议会主权概念。就是这类说法好像要造成一种潮流，要求当处理行政机关和议会的关系时，由国家的司法机关通过行使一种没有根据的权力去凌驾于行政机关之上。

联合王国的宪制安排已经演化出国家三个权力分支间的一种平衡。政府和议会的关系部分地决定于制定法，部分地决定于惯例。议会上下两院的议事规则也从程序上规定了政府和议会的关系。这是法院应当审慎涉足的领域，我们应当且慢接受那种被扩大化了的议会主权概念。

最后是英国最高法院的判决书概要。在判决书中，何熙怡谈道：

在我们面前有两个上诉案件，一个来自英格兰和威尔士高等法院，另一个来自苏格兰高等民事法院上诉分院。非常重要的是，有必要再次强调，这两个案件无关于英国在什么时候根据什么条件脱离欧盟。它们只涉及首相在8月27日或者28日向女王陛下所提出的建议，即议会应当于9月9日和12日间某日起至10月14日止休会，是否合法，以及如果建议不合法，它的法律后果是什么。造成这一问题的情势是前无古人的，极有可能后无来者。这是个“一次性”的问题。

扼要地说，苏格兰案件是于7月30日由一位御用大律师和75名英国议会不同党派的议员提出的，因为他们担心议会可能被休会，以致在10月31日脱欧日之前无法再讨论脱欧问题。8月15日，Nikki da Costa，政府的立法事务主管，给首相提交了一份备忘录，并抄送给7名事务官和政治幕僚，建议相府打理议会事务的阁员出面与宫中洽商，要求于9月9日和12日间某日起休止议会，并把《女王训谕》定在10月14日。首相随之给这项建议开了绿灯。

8月27日或者28日间，通过电话，首相正式建议女王陛下于上述日期起休止议会。8月28日，Jacob Rees - Mogg 先生(政府的下议院领袖兼枢密院枢密使)、Mark Harper 先生（执政党党鞭)、Evans 女男爵，一同参加了女王陛下于巴尔默勒尔堡举行的枢密院会议。一项将于上述日期起休止议会的枢密院令颁出，随即，大法官组织并派遣了一个委员会执行该休会令。此后，内阁召开了一次电话会议，以提醒其他阁员“快刀斩乱麻”地做完手上决定。同日，休会决定被公开，首相给每一名议员发了一封信以解释之。而就在休会决定被宣布时，米勒女士开始在英格兰挑战其合法性。

9月3日，议会的暑假结束。下议院投票决定将处理什么问题。第二天，《欧洲联盟（退出）（第2号）法》通过下议院的全部审议程序。9月6日，该法通过了在上议院的全部审议程序。9月9日，该法经女王陛下御准。这一法律的目标是阻止联合王国于10月31日在“无协议”的情况下脱离欧盟。

9月11日，英格兰和威尔士高等法院判决驳回米勒女士的诉求，认为所诉事项是不可以被法院以法律裁断的。同日，苏格兰高等民事法院上诉分院也发布决定，恰恰相反，认为该事项是可以由法律裁断的，休止议会的建议是出于从中作梗的不良意图做出的，想要阻止议会监督政府，因而基于此建议的休会是非法且无效的。

米勒女士针对英格兰判决的上诉，以及英国中央政府主管苏格兰法律事务部长针对苏格兰法院决定的上诉，在本院于9月17日至19日开庭聆讯。鉴于本案的重要性，本院11名现任大法官全体组成合议庭。本案的判决也是11名大法官全体一致作出的。

第一个问题是首相向女王陛下所提建议的合法性是否可以由法院裁断。本院认为答案是肯定的。数百年以来，法院有权监督、审查政府行为的合法性。早在1611年，法院已经阐明："除非这片土地上的法律允许，国王（当时的政府）并无任何权力。"当然，在考虑"王权"时，有必要区别两种情况。一是判断一项王权是否存在及其范围。二是判断对这项王权的行使，在其范围内，是否可以在法庭上被挑战。第二个小问题的答案可能取决于究竟涉及什么样的权力：一些权力的行使的确不可由司法审查来纠正，而另一些却可以。但毫无疑问的是，法院无论如何都有权判断一项王权的存在与否及其范围。本案原被告等各方对此均接受无疑。因此，本院认为，本案要讨论的正是首相建议女王陛下休止议会的权力的范围。

第二个问题是这项权利的范围究竟如何？这个问题的答案与我国宪法的两项基本原则有关。一是议会主权的原则，即议会可以制定所有人必须服从的法律。而这一原则可能在一种情况下被破坏，即行政权力可以通过使用王权而使议会无法根据自己的意愿来行使权力制定法律。二是议会监督政府。用Bingham勋爵的话说，"由首相或者内阁集体做出的政府行为应当向议会负责，受议会监督，这是西敏寺式民主体制的核心"。令议会休会的权力受到这两项宪法原则的限制，否则就是对这两项原则的违反。

为此目的，令议会休会的权力的相应范围是：如果休会的结果是没有正当理由地破坏或者妨碍议会实施自身作为立法机关和监督行政机关之宪制功能，休会决定（或者要君主休会的建议）将是非法的。而判断任何理由是否正当时，本院当然也会对首相特殊的职责处境十分注意，慎重待之。

如果议会休会的"结果"的确如此，且确无正当理由以维护之，那么对于首相本人的动机或目的是否合法，本院也就没有必要再去考察了。

因此，第三个问题是此次休会是否产生了破坏或者妨碍议会实施其宪制功能的结果，且无正当理由。实际上，这的确不是一次为了准备《女王训谕》而进行的正常休会。它使议会在暑假结束到10月31日脱欧日的八周间，有五周无法发挥其宪制功能。而休止议会和议会的休假是不同的。当议会被休止时，两院均无法集会、讨论或通过法案。两院均无法就政策展开辩论。议员们无法以书面或者口头方式询问或者质询阁员，也无法召开委员会会议和举行听证会。一般而言，没有走完程序的法案都将被废弃，在《女王训谕》发表后从头来过。与此相反，在休假时，虽然两院没有集会，但是议会的工作还照常进行。而此次长时间休止议会民主机制运作的行为恰是在极为特殊的情形下发生的：联合王国的宪制即将于10月31日发生根本改变。议会，特别是由人民选举代表组成的下议院，在这一改变将如何发生的问题上，是有发言权的。休会给我国民主制度之根基所带来的影响是极其严重的。

本院并没有看到对造成如此严重后果的行为有任何正当解释。唯一一项呈堂证供是Nikki da Costa在8月15日所提交的备忘录。这一文件只能解释为何在10月14日发布《女王训谕》并启动议会的新会期是不错的选择。但是，它无法解释为什么有必要在此之前要停止议会的工作达五周之久，而正常情况下准备《女王训谕》只需要4至6天。这一文件也没有讨论休会和休假的区别。它没有讨论，无论是否与欧盟达成协议，休会都对制定必要法律以在10月31日有序脱欧所需流程造成的影响。它也没有讨论，议会到底需要多长时间以批准可能达成的任何新协议，而议会的批准恰是2018年《欧盟（退出）法》第13条所要求的。

本院因此必须认定，向女王陛下提出的休止议会建议是非法的，因为它在全无正当理由的条件下，造成了破坏或者妨碍议会实施其宪制功能的结果。

下一个也是最后一个问题随之而来，即这一认定的法律后果是什么，法院可以施以何种救济。本院当然会宣布该建议违法。苏格兰高等民事法院上诉分院还进一步宣布由该建议所造成的任何休会同样无效。政府辩称，苏格兰上诉分院无权做此宣布，因为休会是一项“议会的程序”，而根据1688年《权利法案》，议会的程序是无法被法院质疑的。但是，显而易见，休会并非一项在议会中进行的程序。它的确是在上议院的会议大厅中在两院议员的见证下发生的，但它并非他们的决定。它是自外面强加于他们身上的。它不是议员们能够辩论或者投票决定的事。它不是《权利法案》所保护的议会的核心或关键事务。恰恰相反，它扼杀了议会的核心或者关键事务。

本院已经判定，首相向女王陛下所提之建议是违法无效的。这意味着，这一建议所引出的枢密院令同样是违法无效的，应当就此被废除。这也意味着，当特遣委员会委员们走入上议院的议会大厅时，他们所持是一纸空文。休会因之也同样无效。议会并不曾休会。这是11名大法官全体一致的判决。

这三个在普通法法系中地位尊崇的法院分别提出民主的原则、分权的原则和议会主权的原则等，来支持自己的判决。可见，真正重要而责任重大的案件，的确需要在原则的层面处理和解决。

当你说法律是一个规则体系的时候，就有一个金字塔顶端的奇点，那又是什么？这就是所谓“基础规范”问题。你说法律是规则体系，然后所有的规则之间没矛盾，但总得有一个最高的规则，才能保证这个体系没矛盾，才能保证这真的是个体系。可那个东西是什么？如果问哈特的话，他几乎说不上来。凯尔森也是一位了不起的实证主义者。有一次哈特到美国去访问，向凯尔森提过这个问题。凯尔森当时用洪亮的声音说，“基础规范就是基础规范”。哈特也就无奈地放弃了。看来，对这两位实证主义法学大师来说，这也是个难题。

□ 初级规则和次级规则

哈特把规则分成了初级规则和次级规则。初级规则是关于行为的规则，而次级规则可以说是关于权力的规则。次级规则主要有三种：变更规则、裁判规则和承认规则。哈特认为，在比较简单的社会也存在初级规则，但那样的社会存在三大缺陷。“第一个缺陷是这种群体生活所依赖的规则并不会形成一个体系，而只会是一批个别独立的标准，没有任何可供鉴别的或共同的标识。”“第二个缺陷是初级规则的静态性格。此种社会所知的唯一的规则变动模式将会是一种缓慢的生长过程：一种曾经被认为是随意的行为，首先变成习惯性或经常性的，然后变成义务性的；接下来，则经历反向的衰退过程，起初曾经被严厉地处理的偏离行为开始被容忍，然后就慢慢变得没有人在乎了。”“简单形式之社会生活的第三个缺陷是，用以维持规则的社会压力是分散的，因而是无效率的。人们总是会为一个公认的规则是否已被违反而发生争议，而且除了最小型的社会之外，在任何社会中，如果没有一个机构被授权能够终局地和权威地确定违规事实，这个争议将不确定地继续着。”

相应地，三种次级规则可以对上述缺陷进行补救。“对于初级规则体制的不确定性最简单的补救方式，就是引进我们称为‘承认规则’的规则。承认规则会指出某个或某些特征，如果一个规则具有这个或这些特征，众人就会决定性地把这些特征当作正面指示，确认此规则是该群体的规则，并由该社会的压力加以支持。”“对于初级规则体制之静态特质，我们将引进所谓的‘变更规则’来加以补救。此种规则最简单的形式就是，授权给某个人或一些人，为整个群体的生活或其中某一阶层的人的生活引进新的初级行为规则，以及废止旧的规则。”“在简单的初级规则体制中，因社会压力之分散而导致的无效率，我们所要做的第三个补充是由下述这种次级规则所构成，这一种次级规则授权给某些人对于在特定的场合中，初级规则是否被违反，做出权威性的决定。最基本形式的裁判就蕴含在这种决定机制中，而我们把授予权力做出权威性决定的次级规则称为‘裁判规则’。除了指定谁是裁判者之外，此种规则也界定了裁判者必须遵循的程序。”[3]

□ 法律责任和法律义务相联系

法律责任与法律义务相联系，这个观点主要的面向又是什么呢？其实，常人多数会认为法律责任是与主观恶性相联系的。如果你没有上法学院的话，当你判断一个人是否有罪的时候，你最直接的反应是什么？他是不是坏蛋，是吧？其实人们通常就是这样“推理”的。法律责任与法律义务相联系，主要是告诉人们，法律责任不是与道德责任相联系的。

相应地，如果认为权利是天上掉下来的，天赋人权，那就不能被称为真正的实证主义者。因为实证主义者注重实定法，所以总是会说权利是从法律中来的。对于一个真正的实证主义者来讲，他很难接受绝对的权利，或者说，超越法律之上的权利。

□ 守法义务和实践理由

人们为什么要守法呢？很多人会说，人们守法无非是一种机会主义的算计。要不我就是被迫的，要不就是我精明得很，守法对我有利。但仔细思考一下就会发现，机会主义者不会真的守法。如果违法也不会被发现呢？机会主义者就不守法了。所以我们中国人讲“君子慎独”。“小人”在没人监管的时候就会干坏事。

守法其实要靠习惯。在法治社会长期稳定的情况下，人们的行为模式与法律的要求越来越趋向一致。对于权威来说，它也是长期在法治的条件下运行的，也趋向遵从法律。普通人在这样长期稳定的法治社会中，就会对法律产生不同的印象。他们脑子里权威的形象就不再是古代的那些王侯将相。权威的形象将更像是医生。你为什么要听医生的？因为怕医生打你吗？肯定不是。是因为机会主义的算计吗？也不可能。听从医嘱，主要是因为你尊重他，你认可医生是真正的权威。

---

〔3〕［英］哈特：《法律的概念》（第3版），许家馨、李冠宜译，法律出版社2018年版，第150～155页。

如果说新分析法学的前几个观点还都是比较容易被接受，那么在守法义务这个问题上，确实不能说新分析法学能够一统天下。在守法义务的问题上，分析法学看起来是有点理想化了。因为很多时候对于大多数人，权威的形象还是警察、国家，实在不太像医生。

分离命题

分离命题其实并不难理解。分离命题归根结底是要回答法律与道德的关系问题。那么，法律与道德有没有关系？法律要不要体现道德的要求，接受道德的评价？分离命题，一言以蔽之，就是法律与道德之间没有必然的联系。

当然，在实证主义倾向的法学传统内部，还可以细分为排他的实证主义即比较硬核的实证主义，以及包容的实证主义即比较开放的实证主义。对于硬核的实证主义来说，它要求道德必然要从“法律”这个概念中排除。如果一个东西称为法律，那么它与道德是截然二分的，不能够混淆。当然也有比较包容的实证主义，道德不是必然地要从法律中排除，但也不是必然地包含。

下面这个案子之前影响很大，我们直接以当事人的名字称为张学英案。

案例〔4〕

张学英依与其同居人所立遗嘱诉遗嘱人之妻蒋伦芳给付受遗赠的财产案

案情

原告：张学英。

被告：蒋伦芳。

被告蒋伦芳与遗赠人黄永彬系夫妻关系，因婚后未生育，收养一子黄勇（现年31岁）。1990年7月，蒋伦芳继承父母遗产取得泸州市市中区顺城街67号房屋所有权。1995年，该房被拆迁，由拆迁单位将

〔4〕 参见四川省泸州市中级人民法院（2001）泸民一终字第621号民事判决书。

位于泸州市江阳区新马路6-2-8-2号的77.2平方米住房一套作为还房安置给蒋伦芳，并以其名义办理了房屋产权手续。1996年，黄永彬与原告张学英相识后便在外租房同居。2000年9月，黄永彬与蒋伦芳将继承所得的房产以8万元的价格卖与他人，并将其中的3万元赠与儿子黄勇。2001年年初，黄永彬因患肝癌住院，其间一直由蒋伦芳及其家属护理。2001年4月20日，黄永彬立下书面遗嘱，将其所得的住房公积金、住房补贴金、抚恤金，以及出售房屋的一半价款4万元及所用的手机一部赠与张学英，泸州市纳溪区公证处对该遗嘱出具了（2001）泸纳证字第148号公证书。2001年4月22日，黄永彬去世。张学英即持遗嘱要求蒋伦芳交付遗赠财产，双方发生纠纷。

张学英向泸州市纳溪区人民法院提起诉讼，称：我与被告蒋伦芳之夫黄永彬是朋友关系。黄永彬在2001年4月18日立下遗嘱，将其6万元的财产遗赠给我，该遗赠并经公证。黄永彬因病死亡，遗嘱生效。但被告拒不给付遗嘱中给我的财产。请求法院判令被告给付我受遗赠的价值6万元的财产。

被告蒋伦芳答辩称：黄永彬所立遗嘱的内容侵犯我的合法权益。抚恤金不属遗产范围，公积金和住房补贴属夫妻共同财产，遗赠人无权单独处分。售房款是不确定的财产。遗赠人黄永彬生前与原告长期非法同居，该遗赠违反社会公德，是无效行为。请求驳回原告的诉讼请求。

一审中，经蒋伦芳申请，泸州市纳溪区公证处于2001年5月17日作出（2001）泸纳撤字第2号《关于部分撤销公证书的决定书》，撤销了（2001）泸纳证字第148号公证书中的抚恤金和住房补贴金、公积金中属于蒋伦芳的部分，维持其余部分内容。

审判

泸州市纳溪区人民法院审理认为：黄永彬所立的将财产赠与原告的遗嘱，虽是其真实意思表示且形式合法，但其对财产的处分违反了继承法和婚姻法的有关规定。根据《中华人民共和国民法通则》第七条的规定，民事行为不得违反公共秩序和社会公德，违反者其行为无效。根据《中华人民共和国婚姻法》第三条禁止有配偶者与他人同居，

第四条夫妻应当互相忠实、互相尊重的法律规定，遗赠人黄永彬基于与原告张学英的非法同居关系而立下有悖于公共秩序、社会公德和违反法律的遗嘱，损害了被告蒋伦芳依法享有的财产继承权。该遗嘱属无效民事行为，原告张学英要求被告蒋伦芳给付受遗赠财产的主张不予支持。被告蒋伦芳要求确认该遗嘱无效的理由成立，予以支持。依据《中华人民共和国民法通则》第七条的规定，该院判决：驳回张学英的诉讼请求。

张学英不服一审判决，向泸州市中级人民法院提起上诉，称：(1) 黄永彬所立遗嘱是其真实意思表示，且符合继承法规定，属有效遗嘱。(2) 遗嘱中涉及抚恤金和夫妻共有的住房补贴金、住房公积金，根据继承法第二十七条第四项的规定，也只能将该部分认定无效，并将无效部分所涉及的财产按法定继承处理，遗嘱中所处分的个人财产应属有效遗嘱，依法应得到保护。(3) 本案属于遗嘱继承案件，应适用继承法。请求二审法院依法撤销一审判决，改判上诉人的受遗赠权受法律保护。

被上诉人蒋伦芳答辩称：上诉人是基于与遗赠人长期非法同居关系，以侵犯被上诉人的婚姻家庭、财产等合法权益而获取非法遗赠。因此，对上诉人的所谓受遗赠权不予保护既合法，也符合社会公理。请求二审法院判决驳回上诉，维持原判。

二审法院审理认为：遗赠人黄永彬的遗赠行为虽系其真实意思表示，但其内容和目的违反了法律规定和公序良俗，损害了社会公德，破坏了公共秩序，应属无效民事行为。上诉人张学英要求被上诉人蒋伦芳给付受遗赠财产的主张，不予支持，被上诉人蒋伦芳要求确认该遗嘱无效的理由成立，予以支持。原审判决认定事实清楚，适用法律正确，依法应予维持。据此，依照《中华人民共和国民事诉讼法》第一百五十三条第一款第（一）项之规定，该院于2001年12月28日判决：驳回上诉，维持原判。

1990年，黄永彬与蒋伦芳登记结婚。1994年，黄永彬认识了另外一个女子，也就是张学英。1996 年，黄永彬就与张学英开始同居了，而且是靠黄永彬的收入来生活的。但是黄永彬与蒋文芳也没有离婚。2001 年，黄永彬患肝癌住院了，4 月的时候黄永彬就立下遗嘱，他说要把他所有的补贴金、公积金、抚恤金、住房等都留给张学英。关键是他把这个遗嘱拿去公证。遗嘱经过公证，它的效力是高于法定继承的。那么根据遗嘱，张学英就可以继承这些财产了。但是，一审的时候法院不同意。法官认为这个遗嘱违反了法律上的公平秩序、善良风俗的原则。张学英又上诉。二审的时候，法院是这么说的，抚恤金是对死者直系亲属的抚慰，抚恤金不是死者的个人财产，所以不能够变成遗赠的财产。住房补助金和公积金是夫妻共同财产，没经过蒋伦芳的同意，黄永彬进行处理也是不可以的。一审法院坚持公序良俗原则，是不是意味着在判决的过程中引入了道德的考量呢？如果站在分析法学的立场来讲，其实还是没有。因为公平秩序、善良风俗本来就规定在法律之中，很难讲它是个道德原则，因为它是实定法的组成部分。当然二审法院讲得更加清楚，不用考虑道德因素也可以不把财产判给张学英。因为既然是夫妻共同财产，必须夫妻共同处分，所以死者的遗嘱本身就是无效的。

其实，真正纳入道德考量之后，其结果也往往会出人意料。我们经常会讲儒家传统中有所谓的“亲亲相隐”。可将这种制度真正纳入中国的诉讼法之后会发生什么事情？就诉讼法现在的规定来说，不能够强迫近亲属出庭作证，证明他的亲属有罪。可实际上，有近亲属作证说犯罪嫌疑人有罪，却可以凭借这条规定不出庭接受质证。把所谓的道德考量纳入进来，会得到不可把握的后果。这是我们讲的分离命题。

功利主义道德哲学

分析法学与功利主义道德哲学之间存在联系，又不能等同起来。分析法学这个法学传统可以上溯到边沁的思想。众所周知，边沁也是功利主义道德哲学的重要代表，所以二者之间也许有一些联系。今天，分析法学与功利主义的道德哲学看似已经截然二分，其实不完全是这样。

先来讲功利主义。如果说分析法学最根本的想法是分离命题的话，功利主义最根本的想法是什么呢？如果把“好的事物”称为“善”，那么“善”的标准是它应当促进大多数人的最大利益。

对于功利主义的这种思想，特别是由于翻译成“功利主义”，带上“功利”这两个字，在中国文化的语境中，似乎人们往往会有一些负面的看法。其实，功利主义作为现代道德哲学，它的出现有很大的意义。

第一，它是世俗的。人们过去判断一个东西是好是坏，标准是什么？往往是宗教的。好坏由神祇来判断。而具体的判断，还是由神祇的代理人来作出。功利主义则告诉你说，这个标准是一个不用考虑宗教因素的完全世俗的标准。

第二，它是经验的。功利主义的标准是一个人能够通过感官把握的。毕竟，标准不是世俗的，仍然可以是形而上的。如果是一个形而上的标准，其实普通人还是无从掌握。现在常人就可以从经验层面来判断标准的好坏。

第三，它是经验的，所以它是实证的。这个标准可以由一个中立的第三方来复核。实证主义思想的鼻祖孔德讲了人类社会经过了三个历史发展阶段，神学的、形而上学的、实证的。实证主义的出现与自然科学的发展有关系。实证的，就能够由中立的第三方来判断。

第四，标准可以量化。用什么来量化？可能主要用货币，用 GDP。当然，也可以用选票。

第五，功利主义也是一种宽容的道德哲学。为什么？因为说大多数人的最大利益的时候，实际上承认了每个人都可以判断自己的利益所在，这实际上意味着，对每一个人自己的判断都表示尊重。

第六，功利主义也是平等的。大家知道马克思有句名言，说英国是一个小店主的国家。可这个小店主国家是人类历史上第一个现代国家，某种意义上，这大大受惠于功利主义的思想。

当然，如果我们把功利主义纳入法学之中，也会遇到一些问题。第一，最大多数人的最大利益中的“利益”是什么？我们知道，边沁作为功利主义的鼻祖，他说利益就是快乐与痛苦。快乐越来越多，痛苦越来越少。这听起来很简单，但是当我们将其纳入法律层面来考虑的时候，会提出什么是快乐？什么是痛苦？它是感官享受吗？如果它只是感官层面的享受，这倒是简单了。可如果我们把利益还原成感官层面的享受，它会有个什么问题呢？这就是功利主义经常会遭到的一个最大批评——电影《黑客帝国》里的“培养仓”。我们知道，感官享受都可以还原为人的激素变化。但能把人装在“培养仓”里面，然后每天打激素吗？显然不行。

哪怕在经验层面，我们感受到的快乐也不只是感官层面的，对吧？我们不是说每天吃巧克力就高兴了，我们还追求精神层面的愉悦。可是，这也会有问题。阳春白雪和下里巴人，这种高低是无法比较的。

如果不要一个普遍的标准呢？只看每个人的评价？如果我特别想今天要 100 元，我赚了 99 元，应该不错。但如果我今天不赚这么多，而是把时间用来学习，将来可能赚更多的钱。一个长时段观察者，往往会与短时段的观察者得到不同的结论。我赚了 99 元，但是我没上去 8 小时自习，长远来看的话，这未必是一个真正对我有利的选择。可想要从长计议，就更没有标准可言了。

更大的问题还不是这个。对于一个法律人来讲，更大的问题还有两个。第一个问题，当你作出个人选择的时候，你会面临这样一种特殊的情况。如果有个地方发生了地震，急需大家的捐赠来买饮用水。水当然能够拯救很多生命。可是此时此刻，如果我是一个承包商，我还欠工人一部分工资。这个时候，我是应该把我手上这些钱用来捐给灾民去买大量的饮用水，救活1000个人，还是说我应该把这笔钱赶快还给我拖欠工资的工人。如果这是个道德哲学层面的考量，那确实不容易。可是，在法律的层面不是这样的。在法律的层面，我存在于一个特殊关系之中，这个关系约束着我。我应当先偿付工资。

另外一个就是，有很多的偏好是不合法的，但却是无害的，这个时候要不要被纳入最大多数最大利益的计算中？

那是不是说，功利的计算就无法纳入法律之中呢？当然不是。其实在法律中是可以纳入功利的考量的，但它必须经过代议制的转换，由立法机关把功利考量转化为实定法。绝大多数的现代国家都采用了代议制。如果能采用直接民主制也许更好，但现实条件不允许。大家知道，雅典能采用民主制，是因为公民才有3万人，与清华大学校园人口差不多。3万人一起决定已经很难了，大国治理就更不可能。所以，通过立法过程，包括听证等环节，实际上公众的意见及其利益能够被法律所反映。通过这个安排，立法机关制定的法律就在形式上代表了最大多数人的最大利益。至于在具体的司法适用过程中，则很难有功利的考量。因为无从判断个案。

所以，怎么实现效率最大化？只有通过规则来实现。把欠工人的工资还给他，而不捐给地震灾民，并不意味着你在道德上是被否定的。恰恰相反，因为尊重了法律的要求，而这个法律体现了社会整体的利益，所以当把工资还给工人的时候，实际上也促进了最大多数的最大利益。

当然，功利主义和实证主义相结合，也会产生一种法律形式主义的倾向。这两个东西结合在一起之后，造成了法律人变成不问世事、榆木脑袋、视野狭小、只看实定法的“怪物”。中国台湾地区有个著名的例子，有一个6岁的女孩被性侵了，但是没有任何证据表明这个6岁的女孩当时有过反抗。法官认为，既然她没反抗，就可以根据规定对罪犯轻判——当法官特别机械地适用法律的时候，还相信制定法代表了最大多数的最大利益，就会发生这种事情。毕竟，社会生活十分复杂，制定法有时候不能够覆盖社会生活的所有角落，它所能提供的那些技术，包括证据法，在实施中也并非完美。

第二，功利主义的这种想法虽然不直接等同于利己主义，但对此也不反对。因为功利主义所讲的社会最大利益，以及边沁所讲的人的同情心，都是要考虑社会整体需要的，这显然不是利己主义。但真有一个利己主义者，做出了自私的选择，功利主义也不反对。什么意思呢？最典型的例子就是一个人决定过一种奢侈浪费的生活，一般法律都无法控制他。如果规定吃饭的时候只能吃多少热量的食物，也很难执行。

而且，功利的计算，基本是以国家为单位来考虑问题的。如果说最大多数的最大利益，那取什么样的范围来计算最大多数的最大利益呢？在现实生活中这个范围就是民族国家。在国际社会的层面上，如果只从功利主义出发作出判决，根本无法避免以邻为壑的恶劣局面。

阅读指引

［英］雷蒙德·瓦克斯：《法哲学：价值与事实》，谭宇生译，译林出版社 2013 年版。

该书是“牛津通识读本”中对法哲学的介绍之作。了解新分析法学也许绕不过阅读哈特的《法律的概念》，但对于初入法学院的本科生来说，《法律的概念》这本书还是有点难懂。该书第二章“法律实证主义”扼要地介绍了这一流派几位法学家的主要观点，同学们可以通过阅读，按图索骥，进一步探索。

第八课　自然法

本课的重点是介绍自然法学家的法律观。需要理解自然法学家一般会坚持存在超越实定法之上的高级法的观点。

关于“恶法”是否“非法”，拉德布鲁赫公式提供了分析的线索和思路。拉德布鲁赫认为，实定法在通常的情况下应当被优先适用。但是，当实定法与更高的正义标准之间的矛盾达到了不能容忍的程度时，实定法就成了不正义的法律。当然，他也承认，对于什么是不能容忍的程度，很难给出一个清晰的定义。但如果制定法律的时候，根本就没有考虑正义的要求，那么这个法律无论如何都不能被称为是正义的。它根本就不是一部法律。这就是所谓的恶法非法。

对于高级法的内容，众说纷纭。富勒提出法律应当有其内在的标准：普遍、公开、不溯及既往、明确、不自相矛盾、力所能及、稳定以及最关键的，制定法律的人也必须遵守这些法律，要让人们真的相信这个法律是得到实施的。

拉德布鲁赫公式

我们来看一个实际发生过的案例。

案例

1989 年 2 月，20 岁的 Chris Gueffroy，与同伴 Christian Gaudian，试图翻过柏林墙逃往西德。守卫柏林墙的东德士兵，Ingo Heinrich、Andreas Kuehnpast、Peter Schmett 与 Mike Schmidt，阻止了他们。其中，Peter Schmett 与 Mike Schmidt 鸣枪示警，Andreas Kuehnpast 向二人开了枪，Ingo Heinrich 则直接射杀了 Chris Gueffroy。1991 年 9 月，针对该案的审判启动。经过很长时间的审判，一审的法官做了决定，他认为向那两个人开枪的士兵是有罪的。打死人的士兵获刑三年半监禁。打伤人的士兵则被判了两年监禁，可以缓刑。

法官是这样讲的，4 个士兵当时肯定是遵守了法律的，但不是一切合法的都是正当的。直接瞄准翻墙的年轻人，并开出致命一枪的人，“根本就是个歹徒”。他膝盖跪下来，从距离 37 米的地方向人射击，而且直接瞄准了这个人上半身。

可是，根据两德的“统一条约”，如果审判东德人之前的行为，必须按照东德的法律。按照东德的法律开枪射击的士兵，他有没有罪呢？法官说，即便按照东德的法律，士兵这样做也是不行的。因为在东德的法律中也有离境的自由、迁徙的自由。这些都是东德宪法所承认的权利。在边境开枪阻止别人逃难，根据东德的边境法本身也是不能成立的。

这个案件让我们重新来考虑制定法的正当性问题。这个问题在第二次世界大战以后很长时间都没有被思考过了。在审判过程中，法官引用了德国法学家拉德布鲁赫的说法。

本人也是法学家的考夫曼描述了他和拉德布鲁赫的初遇，或许可以给我们透露一点拉德布鲁赫其人的精神气质：

> 当我走进房间时，面对我的是一位年迈的老者，他身体和视力患有重病，身材不高而有些敦实。我只想有事找院长，除此之外我一点儿也不知道面前的这位老人是谁。没有人告诉过我古斯塔夫·拉德布鲁赫的名字——谁会在中学课堂上告诉我们那些“可憎的”魏玛共和国时代的名人或“体制政治家”呢！故此，我没有意识到，我面前站着的是德国当代重要的法哲学家，他的著作以多种文字在许多国家流传。我没有意识到，这位老人曾经是一位十分了不起的刑法改革家，他的笔下曾经诞生过一部大胆设计、浸润着进步社会和人道精神的刑法草案。同时，我还没有意识到，拉德布鲁赫有二十多年的生涯，作为政治家，即作为德国议会的议员和国家的司法部部长，曾经扮演过重要的角色。他由于勇敢正直地坚持民主和自由的观点而获得极高的声誉，1933 年他是第一位被（当局）解职的德国大学教师。[1]

拉德布鲁赫说，遇到这样的问题，恐怕要考虑这三点。实定法在通常的情况下，应当被优先适用，这是毫无疑问的。但是，当实定法与更高的正义标准之间的矛盾达到了不能容忍的程度的时候，这个法律就成了不正义的法律。当然，他也承认，对于什么是不能容忍，很难给出一个清晰的说法。拉德布鲁赫本人的想法是，如果制定法律的时候，根本就没有考虑正义的要求，那么恐怕这个法律无论如何都不能被称为是正义的。它根本就不是一部法律。这就是所谓的恶法非法。

从拉德布鲁赫公式可以看到，人们心中并不认为实定法本身必须要

---

〔1〕［德］阿图尔·考夫曼：《古斯塔夫·拉德布鲁赫传：法律思想家、哲学家和社会民主主义者》，舒国滢译，法律出版社 2012 年版，第 2 页。

被百分之百地执行。我们可能还要寻找在极端的情况下评价实定法的标准。这些评价实定法的标准，我们称为高级法。高级法，可能是自然法学者普遍信奉的一个东西。

自然法

高级法的思想由来已久。分析法学是一个现代的法学流派。分析法学处理的材料也是现代社会不断增长的实定法。但自然法不是这样，自然法是一个自古以来就有的思想。

我们一般会把自然法思想的起源上溯到亚里士多德，以及后面的人物，包括西塞罗和阿奎那。这三个人实际上分别代表了古希腊、古罗马和中世纪。在中世纪以后，重要的自然法学家包括康德等启蒙主义哲学家，以及近代的马里旦等人。看自然法理论发展的历史，我们会发现这其中有一个所谓托马斯主义的传统。

阿奎那把法律分为了四种。他说从效力的等级上来看，最高位阶的法是永恒法，永恒法是上帝的安排，是上帝心里的想法，是人在任何条件下都不可能知道的。以下三种包括：神法、自然法、人法。神法是神给人的启示。什么是启示？大家知道《圣经》里面有这种故事，以色列的先民坐在那里，他就可能会听到上帝跟他说话。启示的表现还包括耶稣的教导。更为具体的表现则是教会法。例如，天主教教会有非常成熟的法典。自然法指的是人的理性倾向。这两个词都很重要。第一是说人是有理性的，人有这种独一无二的认识能力。第二是说由于人有这种独一无二的能力，在遇到事情的时候，人自然而然地就会察知对错。这就是所谓的理性倾向。人法是那些世俗的权威，那些封建贵族，包括后来的国家，所制定的法律。在阿奎那心中，自然法是高于人法的。

高级法必须具有这样的一些特征：

第一，高级法是超越时间的，是永恒的。所以古希腊有一部著名的悲剧叫《安提戈涅》。里面最核心的一个情节是，安提戈涅的亲人被当时的统治者处死了之后，因为那是个“罪大恶极”的人，所以任何人都不能去为他收尸。安提戈涅违抗了统治者的要求，要把死者收尸安葬，这是一个超越任何世俗君主权威的神的普遍要求。在任何时代都应该这样做，所以我不服从当下的规定。其实，中国也有这样的故事。大家知道袁崇焕吗？在金庸的小说里也有这个人。他被崇祯皇帝冤枉，凌迟处死。可是袁崇焕的一个家仆非常忠诚。他在夜晚不顾皇帝的命令，偷偷地去把袁崇焕安葬了，而且告诉他的家族，以后世世代代都要为袁大督师守墓。所以直到今天，400 多年过去了，他的家族还在做这件事。古今中西都有这样的故事。人们相信有一些超越时间的要求，无论政权如何变化，都是我们心中必须要遵奉的准则。

第二，高级法是普遍的，也就是超越空间的。高级法不但超越时间，还超越空间。西班牙、葡萄牙开始向美洲殖民之后，杀害了很多当地的印第安人。大家可以参考《西印度毁灭史》。如果没有这部书，今天就无法知道当时的殖民者在美洲做了什么事情。这部书的作者就坚决反对在美洲进行这种杀害异教徒的活动。他们为什么会有这样的想法？因为包括这部书的作者在内的反对者们相信人的理性是普遍的。只要你是人，你就应当具有人的理性，就可以认识自然法的要求、服从自然法的要求。所以，即便是印第安人，虽然与反对者们处在非常不同的社会环境中，也不能够否定他们是人。

虽说高级法应当是超越时间、超越空间的，但是高级法的内容是什么？到底什么是超越时间、超越空间的？其实是就像刚才拉德布鲁赫公式里面的正义一样，实际上理解会有很多分歧。

高级法的内容

既然高级法的内容才是问题的关键，那么我们就看看，自然法学家到底对于高级法是如何认识的？

首先要提到社会契约论。对此，霍布斯和卢梭有不同的想法。其根源在于他们对人的自然状态有不同的想法。霍布斯所设想人的自然状态是一个什么样子呢？对一切人的战争。因为在霍布斯所设想的自然状态中，人与人彼此之间是敌人、对手的关系，每个人都过着贫穷短命的生活。卢梭对于自然状态又是怎么设想的呢？他觉得人在自然状态本来是可以有一种田园牧歌的生活的，但是他也和霍布斯一样承认，由于人这种动物其实非常弱小，跑不过豹子、打不过熊，所以如果你想过一种比较好的生活，就需要把每个人的力量结合起来，通过合作的方式使整体的力量更加强大。所以，虽然他们所设想的自然状态不一样，但又都认为人需要脱离自然状态。

关于脱离的方法，两人想法也不一样。霍布斯认为，我承认一个人或者一个集体，然后我放弃了我本有的权利。霍布斯所说的我本有的权利就是保命的权利，因为我已经保不了命了，所以我不如把保命的权利放弃，给某个人或者集体。条件是可能威胁到我生命的其他人也要放弃他的权利，给这个人或者集体。我们把我们的权利都给了这个人和集体之后，这样的一个东西作为一个统一的人格，可以被称作“国家”或者“利维坦”。而有了利维坦之后，我们每个人要做的事情是什么呢？就是服从国家的命令，服从国家的要求。国家成立之后颁布的当然就是实定法，但是成立这个国家的基础是社会契约。

卢梭讲的与霍布斯不一样。卢梭认为，我们每个人都将自身或全部的力量共同放到一个公意的指导之下，而且，在共同体中的每一个成员都是整体不可分割的一部分。卢梭的公意概念不是很好理解，但是清华大学法学院的一位老校友张奚若先生，他有一个简单的说法，无论是不是完全准确，至少比较好理解。他说公意不是你的想法加我的想法，我们合起来的东西不叫公意，那个东西叫众意。他说公意是，我有一个想法——ab，你有一个想法——ac。其中有一个想法 a，这是我们的公约数。这个东西称作公意。这个东西是我们每个人都接受的，其实还是我们自己的。服从这个东西的要求，实际上也是在服从自己的要求。这个东西衍生出来的东西称作实定法（中华人民共和国的国号也是张奚若先生提出来的）。

社会契约论把作为实定法来源和基础的社会契约作为高级法，它的主要缺点是什么呢？最主要的问题是，现代社会科学已经十分发达，每个人都是实证主义者。而并没有人类学的证据证明真有什么自然状态存在，它不是一个真正存在过的历史状态。

其次是划分公共领域和私人领域。划分公共领域和私人领域的目的，是划分一个特定的空间，使实定法在任何情况下都不能够干涉。亚当·斯密的观点很有意思，他说在国家之外存在一个空间叫社会，社会所奉行的法则是市场的法则。大家一定听过这个词，叫“看不见的手”。就像社会契约论一样，高级法也要面对的一个问题是，究竟什么是公共的事务？什么是私人的事务？什么是公共的领域？什么是私人的领域？

如果我在一个大众媒体上批评一名官员的行为，这是不是一个公共的事务呢？应该没什么问题，大家都会觉得是，对吧？特别是当讨论的是他管理不当的问题时，谈的是如何管理我们大家的事，就是公共事务。可是，如果在一个大众媒体上，讨论的是官员的个人品行的话，这还是公共事务吗？今天对大家生活有更大影响的，显然不是公务人员，而是粉丝团、偶像。他们的事情你也可以如此讨论吗？

还有人主张，法律本身应当有内在标准。富勒（Lon L. Fuller）和哈特有非常精彩的辩论。富勒认为，法律其实不是跟道德无关的，法律应当有一些所谓内在道德。富勒的想法与之前自然法学家的想法不一样，之前自然法学家总要认为一定得规定几条高级法，富勒则说，法律都需要符合这些抽象的标准、形式上的标准。哪些标准？他讲了八条：普遍、公开、不溯及既往、明确、不自相矛盾、力所能及、稳定，以及最后也最关键的，制定法律的这些人——官员也必须遵守这些法律，要让人真的相信这个法律是得到实施的。

富勒自己从反面解释过这八条标准：

> 创造和维系一套法律规则体系的努力至少会在八种情况下流产；或者说，就这项事业而言，有八条通向灾难的独特道路。(1) 最明显的一种情况就是完全未能确立任何规则，以至于每一项问题都不得不以就事论事的方式得到处理；(2) 未能将规则公之于众，或者至少令受影响的当事人知道他们所应当遵循的规则；(3) 滥用溯及既往性立法，这种立法不仅自身不能引导行动，而且还会有效破坏前瞻性立法的诚信，因为它使这些立法处在溯及既往式变更的威胁之下；(4) 不能用便于理解的方式来表述规则；(5) 制定相互矛盾的规则；(6) 颁布要求相关当事人做超出他们能力之事的规则；(7) 频繁地修改规则，以至于人们无法根据这些规则调适自己的行为；(8) 无法使公布的规则与它们的实际执行情况相吻合。
>
> 这八个方向中任何一个方向上的全面失败都不仅仅会导致一套糟糕的法律体系；它所导致的是一种不能被恰当地称为一套法律体系的东西，除非我们是在匹克威克式的意义上来使用"法律体系"这个词，就好像说一份无效的合同仍然可以称得上是某种合同一样。[2]

还有人说，法律本身应当有一些对于财富分配的原则，要把这些正义原则写下来。政治哲学家罗尔斯（John Rawls）提出了一个正义的原则。如果便于大家记忆的话，罗尔斯的正义原则可以这样来表述：平等的自由高于平等的机会，高于平等的资源或者平等的结果。

他的推理过程非常了不起。我们要做一个思想实验。要想象一个情

〔2〕［美］富勒：《法律的道德性》，郑戈译，商务印书馆2017年版，第46～47页。

景，这个情景称作无知之幕。在无知之幕后面，每个人都对于自己所处的优劣地位，相对于他人所处的优劣地位，是不知道的。不知道与别人相比，我是不是最有钱的，我是不是最强壮的，我是不是颜值最高的。我都不知道。在这种情况下，如果我们想定出一条分配的原则，财富要如何分配？罗尔斯说，在无知之幕之后的这些人都会同意，应该把我们需要分配的财富给我们之中正处于最不利地位的人。这是在无知之幕后面的人都会觉得公平的分配方法。

如果不是这么分，会怎么分呢？人类历史上曾想出来的分配方法有哪些呢？最简单的就是均分。那么，罗尔斯这种分配方法与均分相比，好在什么地方呢？均分可能会造成的结果是，一点用都没有。如果现在有一个非常紧急的治疗要做，我们要把药物均分了，其实每个人都没病，这是毫无意义的。在这种情况下，我们是不是都会同意，我们中谁要得了这个病的话，这个药就给谁？这符合一般人的道德感。

罗尔斯的高明之处是什么呢？他摆脱了刚才所说社会契约论的历史负担，不再需要证明所谓社会契约是一个人类历史上真的发生过的事情。我们就坐在教室里，展开思想的翅膀，就能找到正义的原则。这是罗尔斯很了不起的想法。

那么，有没有问题呢？一个挑战是，人是这样的吗？人在很多情况下是机会主义者。你说这样公平，但是他就不这样做。他也不知道他的地位如何，他就想赌博。会不会有这样的人？会有这样的人。不过这个不妨碍这个原则的公平性。还会有什么问题呢？还有这样的批评。如果这些人的差异、不利的地位，是自己的选择造成的，还应当这么分吗？例如，我给了一个寝室的四个同学每人一块地。然后就有一个同学把这块地用来种粮食了。又有一个人是网球队的，他把这块地改成了网球场。还有一个人很懒，他就什么都不干。最后一个人偷别人的东西。经过了一段时间，突然间发生了疫情，这四个同学被困在学校里面了。救济到了，怎么分配？现在最饿的同学显然是打网球的同学。这对于自己生产了一些粮食的那个同学还是公平的吗？除了选择的不平等之外，自从有人类以来，谁也没有解决过先天的不平等问题。所以，到底法律要规定哪些正义原则，实际上也是有很大分歧的。

合理性可能也是评价实定法的一个常用标准。不但要合法，还要合理。这听起来很简单，但这里讲的合理，不是你自己进行一个裁量，掂量掂量，合计合计，就可以了。今天有两种思路，一种是讲合乎道理，另一种可以称为合乎理性。

合乎道理这个想法，古已有之。在普通法中，有一个著名的案子。大概是这样的，欧洲有很多罗姆人，罗姆人过着一种居无定所的生活。他们整个家族带着所有的财产在欧洲开房车移动生活。英国有一个郡发生这么一件事。有一群罗姆人聚集在郡中心的广场上安营扎寨，当然比较影响市容。可是英国还有条法律，说因为知道罗姆人是这样生活的，为了使他们能够正常生活，每一个郡都要为这样生活的罗姆人提供专门的空间，让他们能够驻扎。现在，城市的管理机构看到罗姆人在广场上定居下来，觉得他们实在是太妨碍市容了，所以就把他们的营地强拆了，把他们都赶走了。请问，可不可以把这些罗姆人都赶走？如果你是法官的话，你会怎么判决呢？

英国的法官是这么讲的，他说法律既然要求每个郡都提供专门的空间给罗姆人安营扎寨的地方，这个郡不但不提供，而且在不提供的条件下，人家已经自己找了，还把人家赶走，这是其他任何一个郡的管理者都不会做的决定。在法律适用的时候，要考虑处于相同情景下的一般人会做出什么样的决定，使决定合乎道理。

更高要求则是，合乎理性。在法律实践中，这主要指符合比例原则或者相称性原则。简单来说，第一，要判断法律目的是否正当。第二，做这件事的手段必须与这个目的是匹配的，通过这个手段能够达到这个目的。第三，所谓具体的比例原则，即用这个手段做这件事所达到的效果，与造成的伤害相比，好处要大于损害。比例原则或者相称性原则高明就高明在，把人类的思维过程用一种法律技术的形式展现出来。

如果说，真的有一个东西在世界范围内被普遍地认为是正当的，在此时此刻21世纪的人类社会，那是什么呢？可能是国际人权法。《世界人权宣言》一开篇就讲，人人生而自由，在尊严和权利上一律平等。他们富有理性和良心。这些东西在宣言的制定者看来，应当是在今天的人类社会被广泛接受和认可的。这并不能说只是一个西方的想法。实际上，宣言的起草者主要有5位，其中起草委员会的副主席恰恰是一个中国人，而且是清华大学的一位校友——张彭春先生，他担任过清华大学的教务长。在参加《世界人权宣言》的起草过程中，他发挥了很大的作用。

阅读指引

[美] 富勒:《法律的道德性》，郑戈译，商务印书馆 2017 年版。

该书是法学家富勒教授的经典之作，是其与哈特论战的产物，对于同学们了解新自然法的重要观点颇有帮助。郑戈教授的译笔优美流畅，初入法学院的本科生读起来也不会感到特别难懂。在大一读到这样一本书，应该会给法学院的岁月留下美好的印记。

第九课　法律与文化

本课的重点是介绍包容文化认同的制度安排方案。

在当代世界，民族认同是最为重要的文化认同。通过法律包容民族认同、化解文化冲突，曾经出现过若干方案。共和主义者将文化认同理解为维护公德的问题，希望确认一系列为本群体人们所共同接受的价值，并通过建立混合政体使不同政治力量和谐相处。自由民族主义者希望在那些少数民族聚居的地区设立专门的自治地方政权。这个地方政权不是民族政权。但是，由于这是一个少数民族聚居区的政权，所以在民主制的条件下，自然就会选出更多的来自当地民族的人担任政府官员。在这种情况下，政权就自然而然地会为当地聚居的少数民族服务。

文化认同

什么叫文化？对于文化，一个很重要的定义，可能来自社会学家埃利亚斯。他写过一本书叫《文明的进程》，书写得非常有趣。他指出了一个问题，在西方的语言中，通常会用两个非常相近的词来描述我们一般所说的文化现象。一个词叫文明，另一个词叫文化。文明这个词英语是civilization，文化是culture。那么，这两个词有什么区别呢？埃利亚斯说文明这个词意义非常广，但是文化指的是思想、艺术、宗教。

什么是认同呢？认同的关键是，我怎么来理解我自己？我觉得我是谁？我理解的我是什么样的人？那么，认同的基础是什么呢？回想一下，我们是通过什么东西来看待自己的？什么东西塑造了今天的我？其实最关键的还是到今天为止，我所经历的事情、我的生活经验。我的生活方式决定了我是谁。

当别人让你来介绍你自己的时候，你当然会使用一些符号：我是某个班的，我是法学院的，我是清华大学的学生，等等。如果进一步来问，你要告诉我你是个什么样的人。你怎么回答这个问题呢？你一定会说，我来自什么地方，我有什么样的人生故事，在我的人生经验中有什么东西对我很重要、什么对我不重要，我做出过什么样的选择。

在网络上面对“地图炮”的时候，面对甜豆浆与咸豆浆的争论的时候，如果有人支持了你，你就很开心；如果遭到反对，你会觉得很受冒犯。所以，这些东西对人来讲是非常重要的，而不是像功利主义者和自然法学家认为的那样，人就是快乐与痛苦，或者只剩下十分抽象，抽象到排除掉一切生活体验的那样一个东西，叫尊严也好，叫理性也好，那样一个东西。人实际上比他们想象的要丰富得多。文化认同对于人来讲是非常重要的。

那么，在当代社会，最主要的文化认同是什么？民族国家意义上的民族认同可能是最重要的。本尼迪克·安德森对于民族之诞生有一个最为经典的说法，他说我们今天所理解的 nation 这个意义上的民族，是个“想象的共同体”。对于民族的来源，过去一直有两大流派的不同理论。一个理论认为民族的诞生一定与政权有关系，有政权才有民族；另一个理论认为，民族是有其自然基础的，与血统相联系。安德森则提出了第三种想法，他说民族的来源实际上是一种人的文化构造。民族这个想法，是人创造出来的。

在安德森看来，这个想象的共同体是如何诞生的，怎么出现的呢？大概有这样几个因素使这样的想象共同体出现。政权是非常重要的。实际上，制造出这样一种想象的共同体、一种人类群体的观念，对于特定的政权本身是有好处的。在中世纪之后出现的这些新兴国家，使所有的属民产生了一个共同体的概念，这个共同体对于国家的政治动员、军事竞争、经济汲取都是有好处的，使人们愿意为这样的一个集体，实际上就是背后的政权来服务。但是，这种观念也不是凭空而来的，不是想制造就能制造出来的，它确实是有一定的自然基础的。最主要的基础是一个使用同样语言的群体。人有方言是一个自然现象，在方言的基础上制造出“母语”。大规模印刷术的产生，可以广泛、迅速、及时地传播信息，使用的恰恰是这种方言和母语。这个时候，所有使用母语的人，看到同样的作品，自然就会比较容易地想象我们的生活是彼此联系的，我们属于同样的集体。同时，政权创造出来的人口普查、地图制作、博物馆建设，对于制造这种想象的共同体都起到了至关重要的作用。

总之，“民族”出现了，那么，我们怎么在法律的框架内对其进行回应呢？出现了几种学说，有共和主义的想法、自由民族主义的想法、奥地利马克思主义的想法、文化多元主义的想法，等等。

在法律框架内包容文化认同

□ 自由主义国家

自由主义国家的基本设计有三条。

第一，国家在面对所有公民的时候，应当是不偏不倚的，应当是中立的。公民应该是没有特权的，所谓法律面前人人平等。国家如果不是中立的，会有问题。国家永远偏向某一群人，会怎么样呢？想想在元代，汉人与蒙古人起争执时，汉人要受到更严重的处罚。汉人肯定不能长期忍受。

第二，我们谈过，自由主义国家要划分公共领域和私人领域。也就是说，有些事情是公共的事务，这些事情才需要制定法律；有些事情是完全属于私人的事务，那些事情国家就不能管。只有那些公共的事务，与每个人的利益都相关，才需要每个人来参与决定。而且这些事务因为落实为法律，所以应当也是得到每个人抽象的同意了。但是，当然不可能把所有的事情都变成这样，国家管不了那么多。在这个意义上，很多人都会把文化认同理解为一个私人领域的问题。你觉得什么生活好，这完全是你自己的事，既不需要大家商量来定，也不需要大家来帮助实现。

第三，也是最重要的，自由主义国家的设计持一种原子化的个人主义的观点。原子化这三个字不能缺。所谓国家，归根结底是一个个抽象、理性的个体组成的。所以法律是这些抽象、理性的个体共同制定和接受的。这三个想法，实际上都不利于我们在法律的框架中处理文化认同的问题。

□ 共和主义

共和主义在西方的政治哲学中不是一个特别有影响的流派，并不是主流。在历史上代表人物也不多。最主要的一个人物是西塞罗，在现代早期出现了马基雅维利，然后就是美国建国之初的文献作者们。

共和主义的想法是什么呢？郑戈教授有一篇非常好的文章，他介绍了为什么会有共和主义。在西方意义上的古典时期，很多人会追问一个问题，就是罗马共和国为什么会存在。君主制是古人最容易理解的制度，可是，突然出现了一个罗马共和国，而且在非常短的时间内就征服了西方意义上的已知世界。这是个奥秘。要解决这个问题，西塞罗就很重要。他说，共和国的奥秘在于它是人民的事业，而人民不是随意组合起来的集体，不是原子化的个人想来就来，想走就走，凑在一起，集体不是这样的。西塞罗认为，这些人组合在一起，是因为他们的正义观一致，而且还有利益上的伙伴关系。他们既有共同的价值，又有共同的利益，所以组成一个共同体。

这就揭示了共和主义的第一层意涵。当人们的集体成为一个政治单位的时候，它应当具有共同的价值观，人们分享了共同的价值。在当代，则可能会说是他们具有公德。那么怎么来描述人的这些公德——要接受的价值观？西塞罗提出了一些词，如郑戈教授翻译的——刚毅、诚信、光荣、文雅、权威、品格、荣誉等。

再来谈谈马基雅维利。章永乐老师有篇文章，是他的演讲，讲得非常有趣。他讲，马基雅维利的出发点是在中世纪晚期，大国林立、诸侯争霸的时候，想要为佛罗伦萨共和国——他的祖国——找一条出路，马基雅维利要思考，这样的一个国家，到底怎么样来治理？马基雅维利对于过去的亚里士多德政体学说有了一个很大的发展。亚里士多德有个著名的政体学说，人类的政权大概有这么几种：三个好，三个坏。共和政体的意思，如果简单理解，则是一种混合政体。是对于那些好政体的因素，在现实中予以结合。马基雅维利认为，罗马其实就是一个所谓的共和政体，共和不是说没有君主，而是说实现了政体的混合。有人代表君主制的好因素，有人代表贵族制的好因素，也有人代表民主制的好因素。什么人代表君主制的好因素呢？在罗马，是执政官。什么人代表了贵族制的好因素呢？是元老院。什么人代表了民主制的好因素呢？是保民官。所以，共和实际上是个混合政体。这个思想对于西方来讲影响深远。共和政体、混合政体、优良政体的观念在西方一直存在。这是共和主义的第二层意涵，应当通过混合政体的形式，使任何一个特定的政治集团的利益无法压倒其他的政治集团，从而实现政治集团之间的和谐相处。

那么，共和主义的这些思想家认为怎么样在法律框架下包容人的文化认同呢？很简单，还是这两条。

他们把所谓的文化认同理解为一个维护公德的问题。到底有哪些价值，是这个群体中的人们所共同接受的？如果有的话，可以把这些价值在法律中体现出来。怎么体现呢？可以对政体进行一个设计，安排特定的政治机构来体现这些价值的要求。具体在一个国家，怎么能够做到这一点呢？有什么手段能够让大家接受共同的价值，而且有机构来干这个事？要靠什么方法呢？很简单，靠教育。

共和主义者想用教育来解决文化认同的问题。这个办法好不好呢？能不能解决这个问题？可以说，有一定的效果。但也很有问题。罗马共和国也好，佛罗伦萨也好，这种政治共同体的范围不能特别大。一旦政治共同体所辖的人特别多，要形成一个大家都接受的公德，形成大家都接受的正义观，在现实中几乎不可能。

□ 自由民族主义

自由民族主义也是一样，希望在自由主义国家的政治框架下，解决民族主义的问题。它主要是一些西方的多民族国家，面对西方的地方民族主义要求而产生的一种想法。这个想法概括起来其实也很简单，就是在那些少数民族聚居的地区设立专门的自治地方政权。这个地方政权不是直接给少数民族的，这不是一个民族政权。但是，由于这是一个少数民族聚居区的政权，所以在民主制的条件下，它自然会选出更多的来自当地民族的人担任政府官员。在这种情况下，政权就自然而然地会为当地聚居的少数民族服务了。基本想法就是这样。

问题在于，它也是一个治标不治本的办法。当然，在西方语境下，也许根本就没有治本之术。当政治环境发生变化的时候，过去那种强烈的地方民族主义的要求就可能再次出现。

□ 奥地利马克思主义

奥地利马克思主义的核心想法其实也很简单，说到底就是为特定的文化群体，主要就是这些少数民族，成立一些服务于他们需求的特定文化机构。不是组织地方政府，而是组织一些从事文化活动的机构。大家不是有文化认同问题吗？那么，组织一些文化服务的机构，服务于需求。这样就形成两套管理的体系，一套是地方的政府，另一套是这种文化的机构；一个是纵向的，另一个是横向的。两套机构来做事。

听起来也挺好。可有人说不对。大家看资本主义最初的阶段，民族是可以逐渐团结起来的，可是在资本主义的高级阶段，民族就产生了分散的过程，成批的人离开本民族的聚居地，到外面谋生，完全迁移到国家的其他地方去了。这些移民和旧有的地区失去了联系。在新的地方，一代一代养成了新的风俗，甚至还形成了新的语言。在这种情况下，怎么可能去成立一些文化机构？而且大工业发展之后，阶级斗争非常尖锐，这个时候所谓的文化共同性就逐渐消失了，要让位于这种阶级的共同性。那么，这个时候一个所谓的民族还有什么共同命运呢？更关键的是一个阶级才有共同的利益。

□ 文化多元主义

我们先来讲国教。除了刚才讲的民族认同之外，文化认同也表现为宗教。核心的一个法律问题就是到底有没有国教，如何对待国教。大家知道，在基督教世界，国教问题的产生源于宗教改革。英国的亨利八世要离婚，但天主教会不许离婚，他就说，我不和天主教在一起了，我要成立英国自己的国教。在基督教安立甘宗，国王就是宗教领袖。确立了安立甘宗在英国的国教地位之后，国王在英国的上议院中还安排了一些灵职议员。实际上，在西方的很多国家，是有国教的。国教的表现不一。英国国教在政治生活中影响还算比较小，北欧国家的国教实际上地位更高。

以色列这个国家没有宣布犹太教是国教。但是，犹太教和希伯来的文化传统，对于以色列这个国家的存在至关重要。因为他们能够从流散的各地聚集在一起，组成一个新国家，就是靠宗教和文化纽带。因此以色列国家对于犹太教比较保守的这部分力量，采取了保护政策。这个教派的人不从事世俗工作，主要的工作就是沿袭宗教经典，传承希伯来文化。以色列国家认为这个东西是有价值的，对他们予以支持，在税收福利多种方面给他们优惠。这些人也特别团结，对以色列的选举有很大的影响。在这种情况下，每一个以色列政府都对他们让步，他们的力量越来越大。一个问题就是以色列是全民皆兵的国家。走在以色列街头，能看到很多年轻女孩，全副武装，一边扛着枪一边逛街。可是哈雷迪教派的教徒不用服兵役。以色列政府现在要求，你们可以不服兵役，但能不能到征兵办公室报到一下，告诉我们你们不想服兵役。但这些人拒绝到征兵办公室报到，还与警察发生了冲突。

我们今天说的政教分离原则源于法国，也主要是一个在法国实行的原则。也就是说，国家政权必须是绝对世俗化的，不会以国家政权的力量推行或者否定任何一个宗教。土耳其过去也信奉这个原则。土耳其建国是因为走了凯末尔主义的道路，要与奥斯曼遗产做彻底的分割，所以坚持国家必须是世俗化的。法国总统曾非常罕见地发表一个全国电视讲话。他要求法国的穆斯林信仰委员会必须接受所谓的“共和国价值宪章”。这里面有两条原则，一是必须接受伊斯兰只是宗教，而不能从事政治；二是不受外国干涉，他要求，以后在法国如果担任宗教领袖，必须有法国认可的资格，必须承认法国这些共同价值。土耳其则做了一件完全相反的事。土耳其宣布把长期作为博物馆存在的世界文化遗产——圣索菲亚大教堂，恢复成清真寺。奥斯曼征服了东罗马的时候，圣索菲亚大教堂变成了清真寺，后来又变成了博物馆。政府说，变成清真寺之后有好处，原来收钱，现在可以不收钱了，免费开放。但是，清真寺与博物馆毕竟还是有区别的，里面会举行宗教活动，也不能再出现那些东正教的圣像。圣索菲亚大教堂作为世界文化遗产，里面实际上进行了几十年的考古工作，把里面过去那些东正教圣像发掘出来，展示给大家。但作为清真寺，这些东西就不能展示了。

与刚才讲的这几个故事相联系，究竟什么是文化多元主义的方案呢？文化多元主义方案，一言以蔽之，就是认为文化的多样性就像生物的多样性一样，本身就有存在的价值。我们都爱吃鸡肉，就可以把全国的养鸭场都改成养鸡场吗？环保主义者说，生物的多样性意味着基因库庞大。庞大的基因库，可能在未来人类面临危机的时候提供解决方案。屠呦呦老师就从青蒿里面提取出治疗疟疾的药物，但如果青蒿都不存在了，她到哪去提取青蒿素呢？有人认为，文化的多样性也是如此。在丰富的人类生活方式中，也许就存在解决难题的办法。所以我们应当尽可能地通过法律来维护文化的多样性。只要有这样的文化认同，集体就应该保护你。

可是，问题在什么地方呢？伦敦的高等法院判决了一个案子。英国锡克教的教徒提出，英国做的人口普查中有好多类，怎么没有锡克人？对我们的认同是个否定。怎么不承认我们的独特性呢？所以，锡克教的教徒要求英国在进行下一次人口普查的时候，应该加一个选项“锡克人”。可是伦敦的高等法院不同意，理由是什么呢？法官说文化认同特别重要，但是单子里面原来已经有印度人了，如果加了一个“锡克人”选项，一定就会有很多锡克人不知道自己应该选印度人还是锡克人，到时候两种选项选的人都会比较少，会造成很大的混乱。所以，加锡克人这个选项对锡克人本身并不好。

如果说文化多样性本身就是好的时候，到底要承认多少种文化呢？人类的生活方式是一个连续体。如果说有一种特定的生活方式、文化认同需要保护，到底如何鉴别呢？如果无限承认下去，国家的负担可就不可想象了。

阅读指引

费孝通:《孔林片思:论文化自觉》,生活·读书·新知三联书店 2021 年版。

该书是社会学家费孝通先生的晚年论文集。所收文章展现了具有世界眼光的中国知识分子对中国文化和人类文明前途命运的深思和卓见,对于初入法学院的本科生摆脱学科、背景的狭隘之见很有帮助,能够促使我们以一种更加均衡的世界观来认识和看待所处的社会和异域的他人。

第十课　法律与性别

本课的重点是讨论和法律有关的性别话题。

历史上已经有两次完整的女性运动。第一次浪潮是1840年至1925年，这段时间运动最主要的要求，就是争取女性的选举权，争取政治权利。第二次浪潮主要发生在20世纪60年代和70年代。这个阶段，运动比之前要深入。最关键的，就是批判一切以性别为理由的歧视。在20世纪70年代末期，伴随第二次浪潮，在美国出现关于平权法的斗争。女性主义者在平权法斗争中失败。第二次浪潮也走向完结。

女性主义最核心的意见是批判男权制。但具体到司法领域，很难说女性大法官的个案判词完全体现了女性主义的观点。

女性运动

本课我们来谈谈性别的话题。可以谈两个问题：第一个问题是女性主义思潮历史、理论。第二个问题是我们可以结合两位女性大法官的判词来谈一谈，到底司法裁判能否满足女性主义者的要求？

女性主义法学总体上可以归入后现代主义的法律思潮。所谓后现代主义，是后工业社会产生的思潮。在西方，整个社会原来是以制造业为基础的，后来经济结构发生变化，整个社会生活的形态也发生很大变化。原来有一套确定的价值观念和权威体系，这两者慢慢地都受到批判而走向崩溃。

女性主义的历史，一言以蔽之，就是把女性从法律的客体变成法律的主体的过程。原来女性被视为法律要规范的一个对象，如果夸张一点的话，法律的对象就是物。主体，则意味着女性能够决定法律的发展，决定法律的内容。

据女性主义的学者介绍，最早的一位女性主义者是法国的比森。她是 14 世纪至 15 世纪的人，她撰写的一本书叫《女性之城》，因为中世纪的时候有《上帝之城》，所以她想象了一个女性组成的国家会是什么样子。其实，中国在 15 世纪的时候也出现过有趣的想法。比如，李贽就用了很多篇幅推崇古代优秀的女性。他讲了一个故事，说赵匡胤的姐姐，我们叫赵大姐。赵匡胤和他弟弟想谋权篡位，当时街市上有很多流言，说“检点做天子”，他回到家里之后特别害怕，每天都发愁，说世上老传这个事怎么办好？然后赵大姐就抄起了厨房的擀面杖，向赵匡胤打去，说这点破事你还在这儿想？你要干就干，不干就不干。李贽就以此为例，不吝言辞地赞美比男性有更强大意志和能力的女性。

我们今天讲的现代女性运动，实际上经历过两次主要的浪潮。第一次浪潮是 1840 年至 1925 年，这段时间运动最主要的要求就是争取女性的选举权，争取政治权利。当然也希望女性在工作领域平等，但与我们今天讲的工作领域平等远不是一回事。大概就讲女性也能工作。受教育权也不像我们今天讲的大家都应该接受同样的教育，而是说女性可以受一些教育。有一个电影《妇女参政者》，讲的就是当时在浪潮中参加运动的女性的故事。女主角原来是一个在洗衣厂工作的女工。女工们的生活条件非常差，寿命非常短，在工厂里很容易被烫伤甚至被烫死。后来被同伴感召，她参加了争取女性选举权的运动。她最终的一个举动是，在乔治五世的车队经过的时候，冲到了乔治五世的车前，手中拿着旗子，说女性要有选举权。但是很不幸地，她被乔治五世的马车轧死了。在那样一种氛围里，英国最终承认了女性的选举权。实际上，女性获得政治权利当然和她们的斗争有关，但历史背景也要明了。英国参加第一次世界大战，男性大量死亡，所以不得不把女性补充到劳动力大军中来。女性的经济地位改变了，政治地位当然也就随之改变。

女性主义运动的第二次浪潮，主要发生在20世纪60年代和70年代。这个阶段，运动比之前要深入多了。最关键的就是批判一切以性别为理由的歧视。什么是歧视呢？歧视是指没有正当理由的不平等对待、差异对待。事实上，差异对待一定存在，不可能不存在。歧视则强调这种差异对待是没有正当理由的。在这一次浪潮中，女性想表达，世上有很多两性间的差异对待，实际上理由并不成立。在20世纪70年代末期，伴随第二次浪潮，在美国出现关于平权法的斗争，女性主义者在平权法斗争中失败了，第二次浪潮也走向完结。

平权法本身并不复杂。可是美国的宪法修正案有一个批准程序。这部法所采用的批准程序要求美国当时的40个州中3/4的州议会要通过。绝大多数州实行两院制，那么州的两院都要通过。开始很顺利，可突然有女性的反对者出现了。这些反对者也引领了一个声势浩大的反对通过平权法运动。主张平权法的人说，如果我们相信我们要与男人有同样的权利，我们就必须承担同样的职责。可是反对平权法的人把这个观点引申为女性也要服兵役，女性原来不用承担的一些义务也要承担。在当时更多的女性看来，要服兵役是一件非常恐怖的事情。反对者还主张，在离婚时，男人本来是要付赡养费的，从古到今都如此，那是不是从此以后女人也要付赡养费？这在当时的美国社会看来也是很可怕的，如洪水猛兽一般。在这种情况下，所谓的平权法后来没有通过。

批判男权

女性主义的最核心的问题是批判男权制。所谓男权大概有这样几种意涵。一是男性统治。实际的政治权力是被男性所掌握的，这是个客观现实，这是实实在在的现象，很难否认。二是为社会所公认的价值被认为是男性才具备的价值。比如，社会所公认的好品质“勇敢”，一般就是由男性形象所代表的。智慧也是。谁代表智慧？可能会出现一个爱因斯坦的形象。三是将女性客体化。最主要的意思就是说，通过各种各样的制度设计，使女性的发展受到限制。四是很多的思维方式体现了男性的视角和特点。比如，所谓的中立国家，其实无时无刻不代表理性的男性的视角和利益。而这种所谓的理性的男性的思维方式，实际上并不符合女性的思维方式。在那样的视角和思维方式下创造出来的国家，并不符合女性的需要。又如，公私有别也是如此。私人领域的事情法律不管，公共领域法律才管。女性主义者会认为，划分公私领域，隐含着就是把女性归入私人领域之中，而把男性放到公共领域之中，进而把女性限制在私人领域，特别是家庭之中。再如，个人主义。女性主义认为，人在自然条件下不是原子化的个人。人是怎么到世界上来的？人是由妈妈生到世界来的。所以生物意义上的人，和妈妈是一体的。原来一体的母子，即便分开了，她们之间这种纽带和父女之间的纽带想必是不一样的。母亲和孩子有特殊的关系，所以母亲看待孩子不可能是个人主义的这种态度。

我们讨论一下是不是这样。先看中立国家。有个很值得思考的实例是嫖宿幼女罪的存废。

实例

备受争议的嫖宿幼女罪在实施18年后，从刑法中被删除。2015年8月29日下午，第十二届全国人大常委会第十六次会议闭幕会，表决通过了《刑法修正案（九）》，删除嫖宿幼女罪的规定。这类犯罪行为将适用刑法关于奸淫幼女的以强奸论、从重处罚的规定。

嫖宿幼女罪是1997年《刑法》修改时，增加的一个罪名。后来，各界呼吁废除嫖宿幼女罪的呼声高涨，认为该项罪名造成了对受害幼女的“污名化”。2015年《刑法》修改一审、二审时，并未对这项罪名作出修改，直到三审时，删除了该罪名。

在社会各界此起彼伏的声浪中，施行了18年的嫖宿幼女罪终于在《刑法修正案（九）》中彻底消失。这意味着，对于嫖宿幼女行为的惩处重回“原点”——1997年《刑法》修改前的法律设计，嫖宿幼女行为一律按强奸幼女论处。

1997年《刑法》修改时，嫖宿幼女罪从强奸罪中单列出来，成为一个单独罪名。北京大学法学院教授陈兴良撰文回忆，当时的立法思路是嫖宿幼女独立成罪，更有利于保护幼女的权益，更能体现罪刑相适应的司法原则，“因为嫖娼毕竟不同于强奸”。

立法者的良好愿望，当年就陷入争议。司法机关首先面对的问题是，强奸幼女和嫖宿幼女如何界定？“红线”划到哪里？

2003年1月，最高人民法院出台《关于行为人不明知是不满十四周岁的幼女，双方自愿发生性关系是否构成强奸罪问题的批复》，明确了强奸幼女和嫖宿幼女的界限：“行为人确实不知对方是不满十四周岁的幼女，双方自愿发生性关系，未造成严重后果，情节显著轻微的，不认为是犯罪。”

这个批复，引发了嫖宿幼女罪的首个轩然大波。

2003年3月，北京大学法学院朱苏力教授在一个刑事论坛上，发表演讲《一个不公正的司法解释》，对该批复提出强烈质疑。他认为，“确实不知对方是不满十四周岁的幼女，双方自愿发生性关系的男性，很可能是有钱或有势的人，他们更容易诱使少女‘自愿’”。

2013年，最高人民法院、最高人民检察院、司法部、公安部四部门发布《关于依法惩治性侵害未成年人犯罪的意见》，再次给“强奸幼女”和“嫖宿幼女”划界：“以金钱财物等方式引诱幼女发生性关系，知道或应当知道幼女被他人强迫卖淫而仍与其发生性关系的，均以强奸罪论处”。

该意见对于“嫖宿”的口径大幅收紧。之前，司法机关判定是否构成嫖宿幼女罪，一直将侵害人是否给付了钱物作为标准之一。

专门有这个罪名，意味着对幼女本身污名化，贴了个标签，好像幼女本身是有过错的人，幼女先有卖淫的行为。这对女性是不公正的，现在删除也是应当的。

我们再来看看公私有别。把女性控制到家庭中，这个也是实际发生的。最典型的就是女德班。女德班不是只有中国有，西方的更恶劣。

实例

2014年9月21日，中国之声广播《新闻晚高峰》节目就报道过“女德班”，据称，“打不还手，骂不还口，逆来顺受，绝不离婚”这16个字，被形容为学堂倡导的“女德”四项基本原则。据报道，彼时这类女德班已在全国遍地开花：从北京、河北一直绵延到陕西、广东和海南，有的讲师课程因过于火爆甚至排到几个月以后。

2017年，再度被曝光的“辽宁抚顺传统文化研究会”旗下学校就开过一次“女德班”，当时的课堂言论也曾引发民众热议——“男为天，女为地，女子就该在最底层”“得了宫颈癌宫颈糜烂的女人，酷爱性感打扮”“女子点外卖不刷碗就是不守妇道”等。当时经媒体报道后，该学校曾被抚顺市教育局勒令立即停止办学。没想到几年后，这系列洗脑式、邪教式课程再次“改头换面”，重现江湖。

可是让女性从私人领域走出来，走到公共领域中去，进入职场，像男性一样工作，谈何容易。

实例

2019年，人力资源社会保障部、教育部、司法部、卫生健康委、国资委、医保局、全国总工会、全国妇联和最高人民法院印发《关于进一步规范招聘行为促进妇女就业的通知》。通知要求，各类用人单位、人力资源服务机构在拟定招聘计划、发布招聘信息、招用人员过程中，不得限定性别（国家规定的女职工禁忌劳动范围等情况除外）或性别优先，不得以性别为由限制妇女求职就业、拒绝录用妇女，不得询问妇女婚育情况，不得将妊娠测试作为入职体检项目，不得将限制生育作为录用条件，不得差别化地提高对妇女的录用标准。

当然，如果个人对抗有就业性别歧视的公司比较困难，可以引入检察机关的力量。

实例

最高人民检察院联合全国妇联下发《关于建立共同推动保护妇女儿童权益工作合作机制的通知》。通知针对国家机关、事业单位招聘工作中涉嫌的就业性别歧视问题，规定检察机关可以发出检察建议，或者提起公益诉讼。

由检察机关对就业性别歧视问题提起公益诉讼，这在我国司法史上还是首次。此举不仅彰显了用公益诉讼反就业性别歧视的司法价值取向，而且也意味着今后在反就业性别歧视的法治实践中，公益诉讼将有更大作为。这让受就业性别歧视的职场妇女，对用公益诉讼捍卫自身合法权益有了更多期待。

就业性别歧视，通常情况下，主要是指用人单位对女性的不平等对待。我国《妇女权益保障法》《劳动法》《就业促进法》等法律明确规定，妇女享有平等就业权利，任何单位或组织不得实施就业性别歧视。否则，对妇女实施了就业性别歧视的用人单位，将承担相应的法律责任。

至于个人主义的问题，“母亲”在法律上确实是需要特殊保护的。由于有分娩、哺乳这些客观的需要，人类社会要想存续，肯定在法律上要有一些特殊规定。实际上我国也有规定。如果你有一个不满1周岁的婴儿，你在工作的时候是有哺乳假的。虽然这个规定在现实职场中很难完全实现。

以上这些，都是女性主义的独特视角。用独特的视角观察法律，我们就会有不同的发现。

女性主义对于两性地位实际上有不同的四种看法。第一个是男女相同，简化地说，就是把女人变成男人。第二个是男女平等，主要是指机会平等，法律权利的意义上男女要一样。第三个是所谓男女混同。第四个是彻底实现女性统治。女性如果统治，可能比男性统治有更好的结果。女性主义者可能会说，男性统治了1万年，从农业社会以来把地球破坏到这个样子。

有一年清华大学人文学院学生会组织了“搭上男神去食堂”的“男生节”活动。她们的文案是：“在苦等暖气的寒冷中，在被期中考试支配的第八周周末，即将迎来我们一年一度的男生节！为了给大家提供轻松向男神送温暖的方式，我们将在男生节当天中午开展特别活动——搭上男神去食堂！”由女同学骑自行车带男同学去食堂吃饭，这属于以上哪一种看法？

女性大法官的判词

我们再来看看两位女性大法官的判词。一位曾经担任英国最高法院的院长，退休不久；另一位是美国最高法院的大法官。她们是何熙怡女男爵（Lady Hale）和金斯伯格大法官（Ruth Bader Ginsburg）。

案例

本案是英国家事法院审判的，法官是何熙怡。这个案子是这样的，有一对男女同居，生下了一个孩子，但他们没有结婚。男性是个黑人，女性是个白人，他们都在英国生活。女性讲，在他们俩相处的过程中，男性有的时候会有点暴力倾向。证据就是她曾经有两次进医院的记录，身上有轻微伤，其实就是淤青。所以这个妈妈就不许生父探望他们的孩子，还通过搬家等手段让生父找不到这个孩子。但是生父说，第一，淤青其实很难确定是他造成的；第二，对于孩子，他是父亲，任何法律都会规定，没有特殊情况，父亲可以探望自己的孩子。他虽然没有和孩子一起生活，但至少可以看看孩子怎么样了。如果让父亲和孩子完全隔离，其实对孩子本身的成长也不好。特别要考虑到，这个父亲是个黑人，如果这个孩子见不到他的黑人父亲，只和他的白人妈妈在一起，可能会对他的身份形成一个负面的印象。而且英国法律也规定，如果父母一方有这种明显的敌意，不想让对方见孩子，那么这个理由是不能成立的。现在的问题是，能不能让父亲去见这个孩子呢？

何熙怡的判词中讲了这些道理。她说，第一，男方过去的暴力行为可信。因为有入院证据表明他是有这样的暴力行为的。不能假设女方去检查伤口，当时就处心积虑地编造出来一套谎言。第二，过去法律中讲了过分的敌意，它是一个非常宽泛的用词，一方可能真的是有过分的敌意，是恶意的，但也可能是在两个人交往的过程中有了冲突，这种冲突会被家事执法部门在检查报告中用一种修辞的方式写成“当时有很强的敌意”。这种现象很常见。这未必意味着，执法部门认定存在法律意义上的过分的敌意。第三，更为重要的是，母亲的恐惧本身只要是真实的，那么无论是不是有家庭暴力的行为，都能以“真实的恐惧”为由拒绝生父来看这个孩子。而且，程序上，高级法院如果要推翻低级法院的决定，必须有一个非常强大的信心，认为低级法院的法官在审理的过程中没有很好地平衡相互冲突的利益。可是何熙怡说，作为法官现在我没有这个信心。什么意思呢？她把这个判断从她自己对案情的判断变成了一个她对于低级法官的判断。如果是对案情的判断，父亲和孩子的纽带的因素在考量中可能会被放大。如果变成一个对低级法院法官的判断，想推翻低级法院的判断，到哪儿去找理由呢？

值得讨论的问题是，真实的恐惧抵消了明显的敌意，这样的一种说法，体现了女性或者女性主义的独特想法吗？仔细分析我们就会发现，真实的恐惧这一概念只要发明出来，完全可以被两性中的男性利用。

我们再看一个案例。

案例

有一对男女，两小无猜、青梅竹马，从幼年时就在一起了。他们这么多年一直没有结婚，还生了4个孩子。在女人年轻的时候，有一个亲戚去世了。亲戚临死的时候告诉她，房子可以便宜卖给她，所以当时女人就用非常便宜的价格买了这个房子，当然也要贷一点款。这对男女有一天决定，让女人把原来的房子卖掉，然后他们买一个新房子。原来那个房子只用女人的名义登记，新房子则变成他们俩共同登记了。但房贷还是女人在还，而且买新房子的钱主要来自出售前面那个房子。这个男人在过户的过程中，也交了一些手续费之类的。对于房贷，男人有的时候也会给女人的还贷账户转账一点钱。前面的房子和后面的房子在维修的过程中，男人也是出了很大力的。现在他们俩

> 的关系破裂了。男人主张这个房子是共同名下的，应当把这个房子卖了，然后分相当一部分，最好是分一半的钱给他。物权在世界范围内大多是以登记为原则，所以登记为两人共有在理论上讲就是两人共有。现在要分这个房子的钱，怎么分？

何熙怡当时进入英国上院了，这是个英国上院的判决。她讲了几条理由，其中有两条最重要。第一条，亲密生活中的共同生活者，他们之间的关系与一般的商务人士之间的关系应当有不同理解。那么，怎么不同看待亲密关系中的双方行为呢？她说，要看整个关系中的所有行为与事实，通盘考虑之后，来认定到底他们对于财产是想如何分割的，意图何在。在这个案子中，两个人在一起好几十年，生了 4 个孩子，但一直把两人的财产分得一清二楚，没有一刻是混在一起的，说明他们俩有非常明确的想法，即他们俩的财产完全相互独立。如果是这样，对于这个房子，就应该按照他们到底投入了多少钱来处理。男人要想平分肯定是不行的，女人说 65% 归自己，35% 归男人，已经很照顾这个男人了。

当然，普通法上还有一个问题，就是原来共同居住人对这个房子也是有利益的，一方现在把另一方赶走了，另一方没地方住了，这个时候住原来房子的人要给予补偿。所以这个男人说，不分一半，至少要补偿，每个月给 900 英镑来租别的房子住，直到把这个房子卖了。何熙怡说，不能给男人这 900 英镑，因为还有 4 个孩子，其中有 3 个孩子未成年，男人本来就要出赡养费，现在不让男人出赡养费了，男人就自己租房子去。别的法官都同意她的观点，只有另一位也成为英国最高法院院长的大法官不同意。他说，别的都对，但这 900 英磅一定要给，因为这个男人过去在历史上也做了好多修葺的工作，他也为了房子投入很多，不让他住怎么行呢？

下一个案子争议更大。

案例

英国参与了伊拉克战争，但是参与伊拉克战争的时候是没有得到联合国授权的。因为联合国原来的678号决议是在伊拉克入侵科威特的时候作出的，即可以采取一切手段恢复秩序，保证科威特的独立。后来伊拉克打败了。又过了很多年，联合国才通过了1441号决议，即为了使伊拉克将来不能再去侵犯科威特，所以伊拉克不能有大规模杀伤性武器。如果真的有，就要按照678号决议的规定，动用一切手段来阻止。在第二次伊拉克战争之前，美国人拿一包洗衣粉说是化学武器，指控伊拉克有大规模杀伤性武器。美国和英国就以这个名义开始攻击伊拉克。在过程中，有两个英国士兵阵亡了。他们都是刚成年的人，十八九岁。一个开坦克，刚到伊拉克战场上就被英军另一个坦克的炮火击中，整个坦克里的人都死了。另一个护送一个平民车队。护送车队的时候，就会有一个士兵站在车外瞭望，这个人瞭望的时候，路边引爆了个炸弹，一个弹片就把他打死了。这两个人死了之后，英国军方内部也有一些调查。但是这两个人的母亲称，军方内部的调查根本不可采信。这两个母亲要求英国政府必须组织一个独立的调查。调查这两个人参加的这场战争本身是不是合法的？他们是不是合法地被派去参战的？这两个母亲提出的理由就是，《欧洲人权公约》第2条规定，《欧洲人权公约》的缔约国必须以法律的方式保障公民的生命。上议院的法官们都说，这两个母亲值得同情，可是如果用《欧洲人权公约》第2条来主张开展独立调查，实在是太离谱了。因为用法律保护人的生命，顾名思义，就是说要有国内立法，如果要把一个人抓起来，或者要伤害人，有法律来保护他，这才是用法律保护人的生命。

但是，何熙怡说，不是这样的。第一，英国政府要参战应当取得联合国的授权，这才是符合国际法的。但是英国政府没有。英国政府问了自己的法律顾问，法律顾问并未认为合法，但这个时候英国政府就去参战了，所以参战的法律基础是欠缺的。当然，在英国，过去违反国际法就是违反普通法，现在已经不是这样了，即便违反国际法，也不直接违反国内的普通法。所以，还要考虑到母亲的要求本身是不是合法的。两个母亲想知道她们的孩子是不是死于义战，这样的要求是非常可以理解的。这个要求本身不是不正当的。唯一的遗憾之处就是，《欧洲人权公约》在订立的时候，缔约国已经想到第2条可以被解释为，从此以后每个国家使用武装力量前都有义务先审查合法性，而且，如果有公民提出要求的时候，还要对此进行独立的调查。这样解释实在是偏离第2条的原意太远了。所以，法官最后没有支持这两个母亲的要求。虽然如此，何熙怡讲的这段话仍然是过去没有人讲过的。而且，她说如果有一天，涉及的不是《欧洲人权公约》第2条的问题而是别的权利，有母亲提出这样的要求，很可能我还会支持。

再来看一个案例。

案例

一个女性的经理，她是轮胎公司的地区经理。大家知道，汽车行业客观上女性就比较少。她成为地区经理，可见非常能干。但她后来发现，过了好几年之后，原来比她资历浅的那些男性地区经理，赚的钱怎么都比她多呢？她赚3000多美元，男性地区经理最少也赚4000多美元，最高的可以赚5000多美元，差距很大。她就提出，这个公司实际上存在一种歧视性的待遇。可是美国法上有一条规定，发现歧视性待遇的时候，必须在180天以内提出诉讼。这显然是个时间效力的问题。男法官都认为，计算赔偿想要从头开始，即从她当经理那一天开始起算，肯定不行，因为过了180天的时效了。如果过去有个歧视性的待遇，到今天产生一个后果，就可以无限地回溯到之前去查，那太可怕了。

金斯伯格大法官在判决中讲，这种收入方面的歧视，本来就倾向于被掩盖，很难被发现。因为有时候不是说直接给女性更少的钱，给男性更多的钱，而是有一个评分系统，每年要考核，给女性每年考核都打分不高，给男性每年考核打分都很高，所以男性总是加薪，女性总是停滞不前。法官说，这种收入歧视往往是个日积月累的过程。必须通过非常长的时间，才能够发现这种歧视。而且这种收入歧视，与其说像是一次性的歧视，不如说更类似于职场中的敌意环境。所以，对歧视性待遇进行时间限制是没有道理的。而且，就在同一部法律中，还规定有一些行为可以有两年的追诉期限。也就是说，就在同一部法律中，国会也没要求一定要用 180 天限制所有行为。法官说收入歧视比较像职场的敌意，而不像一次性的歧视。这怎么解释呢？从解释方法上来看，已经有点类推的意思了。法官指出这种性别上的收入歧视实际上是一个日积月累的过程，而且很难发现，这当然非常重要。那么，这种说法体现了女性主义的要求吗？

概括以上这些判决也许可以说，女性的视角对于我们认识社会，改革法律，创造一个更加公平的社会无疑是至关重要的。但这些女性大法官的判词，很难体现独一无二的女性主义观点。毕竟，她们的男性同事们，往往也都支持她们的判决。而她们提出的见解，也会被许多男性接受，使他们受益。

阅读指引

[法] 西蒙娜·德·波伏瓦:《第二性》(合卷本),郑克鲁译,上海译文出版社 2015 年版。

该书是讨论性别议题不能绕过的经典之作。如译者所说,作者“将妇女问题全盘地、相当彻底地摆了出来,力图囊括女性问题的方方面面,以全新的姿态论述女性”。无论是否同意作者的具体观点,该书的全面性使它具备充分条件成为任何相关讨论的起点。

后　记

谈“内卷”

这两年，“内卷”这个词在朋友圈愈发流行。我的朋友圈的很大一部分由高校师生构成，他们说的“内卷”其实是中国几所“世界一流大学”中出现的一种现象和心态。

“内卷”这个词在学术界本有其内涵。它进入汉语学界的轨迹已有很多人总结，不必赘述。我记得黄宗智先生曾概括为“没有发展的增长”。不必引入什么“边际效益”之类的术语，简单地说，“内卷”就是投入越来越多的努力，而付出的所得却越来越少。

因为我在大学教本科学生，所以反复思考了大学里所谓的“内卷”。

我原本以为这是“00后”用来揶揄“世界一流大学”中同伴压力的一种调侃。但最近我觉得，其实他们是很有几分认真在里面的，甚至有点借助理论来定位自己、改造社会的意味——发现自己处于“内卷”概念描述的状态中，进而通过公共舆论批判之而寻求改变。而这恰是世界一流大学学生应该做的，不是吗？

世界一流大学从来都有很大的同伴压力存在。作为高考“掐尖”的结果，同学们很熟悉这种压力。进入大学，在全年级几百名“年级第一”中要决出新的“第一”，不可能没有压力。而大学和老师的应对方案是给同学们提供更为宽广的舞台——擅长学法学绪论的同学未必擅长学高等数学，体育代表队的冠军未必能在挑战杯上夺冠。理想的结果是，在宽广的舞台上每个学生都有占据“C位”的机会。同伴压力由此得到释放。

过去，这种压力一直集中体现在争取平均学分绩点（GPA，以下简称学分绩）和英语考试的好成绩上。原因很简单。当时，这两项成绩决定了谁能取得更好的深造机会。在深造机会和就业机会、长远经济利益直接相关的时代，大学里的这种同伴压力和社会上的同伴压力在性质上别无二致。所以，没人真的认为可以消灭这种压力，那过于不切实际。学会与之共生，本身就是中国高校“成（为一个成年）人”教育的一部分。

但是，现在同学们说的“内卷”，我觉得并不只是上面说的这种同伴压力。他们描述的典型“内卷”现象是没完没了地“爆肝”“刷夜”写各种课程的各种作业、实验报告，本来一千字可以搞定的要写一万字——这确实和黄宗智先生历史长卷所描绘的18世纪中国农人颇为相似。通过这种大量重复的“精耕细作”，试图把总学分绩再提高一点点到勉强不难看的“糊口”水平。如果不这样做，在人人皆“卷”的情况下，就面临生存危机。

何其荒谬乃尔?

这根本谈不上竞争，因为争夺的东西本身一钱不值。在一所真正的世界一流大学，学分绩、深造机会、就业机会和长远经济利益这些指标之间本无不可逃脱的因果联系。20年前，国内大学本科毕业后想去一所排名靠前的国外大学读研，也许确实需要学分绩过硬，但现在完全可以用其他形式的学术成果证明自己的水平。更不要说，去国外交换的机会已近乎普及，学分绩的选拔标准意义趋于消失。而且，交换机会应该给那些确有相应学习研究需求的同学，相互之间无法比较。至于就业，只要能从世界一流大学毕业，就业根本不成问题。成为问题的是到底你有没有选定的职业和志业。现在说这些，早就不是“鸡汤”，而是实事求是的规律认识。其实，内心选定的职业和志业，能带来更大的“利益”，虽然未必可以用货币来衡量。

但这些还不是最重要的。《世界人权宣言》第26条第2项中称：“教育的目的在于充分发展人的个性并加强对人权和基本自由的尊重……”一所大学如果没有这样的认识和教育目标，是不可能成为世界一流大学的。

所以就算有竞争，也应当是在“充分发展人的个性”这一点上展开。

大学运动会是个好东西，因为它具象化了这种个性的竞争。学分绩的竞争也应当以此为模板，重在课程成绩能否体现本门课程“独特的”学术要求——确有“独特的”学术要求，也是这门课程能够存在的基本条件；否则这门课就不应该存在。

“内卷”的问题在于，它只在量的意义上增加了课程和要求。在最好的情况下，学生接受了类似技能的反复训练而更趋熟练。在一般的情况下，学生只是大量投入了时间，做了一些重复劳动。其所得只有这次作业的成绩，无关自由探索学术前沿的兴趣和能力，无关多学科、多文化的视野和经验，甚至无关本门课程的知识积累。具体而言，把实验报告严谨认真地写完是十分必要的，但写得很长就看不出有什么必要；细读某一部分古典作品是十分必要的，但和本科阶段多读经典相比，多次细读少数几部经典作品就没那么重要。

必须说，“内卷”根本异化了大学教育。在学分绩已经和真实世界的社会环境、期待利益“脱钩”的情况下，“内卷”居然迫使部分学生更深地沦为学分绩的“奴隶”。从过去通过学分绩竞争取得进一步发展的机会，变成学分绩而学分绩的时间和精力浪费。陷入“内卷”，哪怕是围绕未来经济利益而取得的低质量发展实际上都已经没有了，更谈不上围绕个性而取得的高质量发展。

学生失去的不只是高质量发展机会，还有自由。在过去，如果学生下决心牺牲一部分可预见的机会和利益，他们可以暂时不顾学分绩的要求，而自由地把时间投入某种兴趣和试错中。吊诡的是，恰恰因为“水课”存在，他们其实并没有掉队的危险。而一旦大学课程全面“内卷”，成倍甚至数倍增加作业和试验，大部分学生就不敢不跟着“卷”，毕竟“挂科”的风险是不容忽视的。在不重视个性的课程中，“挂科”的只能是那些在时间投入和作业长度等形式标准上吃亏的学生。

一旦“内卷”开始，再想有拒绝的心力就非常难了——毕竟我们说的是刚刚成年的本科学生。学生其实非常清楚“内卷”的课程和作业没有意义，非常荒诞。可当面对荒诞时，把握一根可以抓住的稻草正是心智尚未完全成熟的本科生最正常的选择。换句话说，因为课程内容和评价体系与真实世界已经脱离关系，此时此刻能做的恰恰只有“爆肝”“刷夜”“精耕细作”这样机械化的工作。细想想，这倒是和“00后”熟悉的电子游戏世界有异曲同工之妙。可这还是大学吗？

破除“内卷”需要课程内容和评价体系的改变。我所服务的这所大学过去有“真刀真枪干专业”的传统，那时候真是“卷”无可“卷”。当你的学习研究和真实世界的关系一目了然时，它的意义和你的成长（或者失败，也是一种成长）便清晰可见。我的前辈同事何海波教授和我教同样的班级时，教学评估我总是争不过他——对，这才是社会中一定有的同伴竞争——除了行政法案例特别接地气外，他还会留让学生真正动手实践，在司法体系闯一闯的作业。我现在意识到，对于本科生来说，这除了给他们知识，还能给他们意义感！这些年，我看本科生参加挑战杯比赛做量化分析也有相似的发现。不一定是那种社科色彩的研究真的好，主要是他们感到投入了大量时间而一定不会“卷”。

如果再理想化一点，就是每门课程要真有自己独特的价值才行，而不仅是学分的堆砌。学生选一门课程应当能学到不一样的技能和知识，而且是自己通过阅读和网课所学不到的。那时候，教师和课程本身的个性就可以带给学生更多更快更好的个性发展。正如工业革命和科技革命的爆发，让“没有发展的增长”无法维持，一战即溃。我们的大学到那时应当就不会再“卷”了。

屠　凯

2020年8月16日